# PRISÃO

## daVinci ^jur^

**EDITOR**
Daniel Louzada

**REVISÃO**
Da Vinci Livros

**CAPA**
Maikon Nery

**PROJETO GRÁFICO E DIAGRAMAÇÃO**
Victor Prado

# PRISÃO

*Além do senso comum*

Juarez Tavares
Rubens Casara

da vinci jur

RIO DE JANEIRO, 2024.

© Juarez Tavares, 2024.
© Rubens Casara, 2024.
© Da Vinci Livros, 2024.

É vedada a reprodução total ou parcial deste livro sem a autorização da editora.

Primeira edição, agosto de 2024.
Rio de Janeiro, Brasil.

---

Dados Internacionais de Catalogação na Publicação (CIP)
Vagner Rodolfo da Silva CRB — 8/9410

---

T231p        Tavares, Juarez
   Prisão: além do senso comum / Juarez Tavares,
      Rubens Casara. — Rio de Janeiro:
      Da Vinci Jur, 2024. 208 p.; 14cm x 21cm.

Inclui bibliografia e índice.
ISBN 978-65-8497-209-4

1. Direito penal. 2. Criminologia. 3. Prisão.
4. Liberdade. 5. Poder. I. Casara, Rubens. II. Título.

|  |  |
|---|---|
| 2024-2402 | CDD 345 |
|  | CDU 343 |

Índice para catálogo sistemático:
1. Direito penal 345
2. Direito penal 343

---

DA VINCI LIVROS
Livraria Leonardo da Vinci
Av. Rio Branco, 185 – subsolo – lojas 2-4
Centro – Rio de Janeiro – RJ – 20040-007
davincilivros@leonardodavinci.com.br
www.davincilivros.com.br
www.leonardodavinci.com.br

*Em homenagem a
Marinete da Silva,
que orienta sua vida para a construção de um mundo melhor
e
Amilton Bueno de Carvalho,
por sua coerência na defesa da liberdade.*

*Não ficarei tão só no campo da arte,*
*e, ânimo firme, sobranceiro e forte,*
*tudo farei por ti para exaltar-te,*
*serenamente, alheio à própria sorte.*

*Para que eu possa um dia contemplar-te*
*dominadora, em férvido transporte,*
*direi que és bela e pura em toda parte,*
*por maior risco em que essa audácia importe.*

*Queira-te eu tanto, e de tal modo em suma,*
*que não exista força humana alguma*
*que esta paixão embriagadora dome.*

*E que eu por ti, se torturado for,*
*possa feliz, indiferente à dor,*
*morrer sorrindo a murmurar teu nome.*

CARLOS MARIGHELLA

APRESENTAÇÃO  *11*

1    PRISÃO OU LIBERDADE:
     UMA QUESTÃO DE PODER  *13*

2    LIBERDADE: UM DOS VALORES
     DA JURISDIÇÃO PENAL  *31*

3    BREVE INTRODUÇÃO AO
     FENÔMENO "PRISÃO"  *71*

4    PRESUNÇÃO DE INOCÊNCIA:
     PRINCÍPIO INERENTE AO ESTADO
     DEMOCRÁTICO DE DIREITO  *97*

5    PRISÃO PROVISÓRIA:
     PRINCÍPIOS DA LEGALIDADE
     E DA PROPORCIONALIDADE  *109*

6    ESPÉCIES, PRESSUPOSTOS,
     REQUISITOS E CARACTERÍSTICAS
     DAS PRISÕES PROVISÓRIAS  *125*

7    POPULISMO PENAL E
     OPORTUNISMO POLÍTICO  *153*

8    CONSIDERAÇÕES FINAIS  *193*

REFERÊNCIAS BIBLIOGRÁFICAS  *199*

# APRESENTAÇÃO

Este livro nasce da compreensão de que a natureza autoritária ou democrática de uma sociedade guarda profunda relação com as políticas, a normatividade e os valores relacionados à prisão de indivíduos. No Brasil, a grande maioria das pessoas desconhece os princípios, as regras e os requisitos que disciplinam o fenômeno do encarceramento ou que buscam assegurar a liberdade de indivíduos acusados da prática de delitos. Assim, este pequeno texto tem por objetivo verificar como os pressupostos e fundamentos do Estado Democrático de Direito podem delimitar a intervenção pública no âmbito da liberdade individual, principalmente diante do fortalecimento de um regime de menosprezo dos direitos fundamentais, incrementado por uma intensa cobertura midiática e comunicacional, direcionada, cada vez mais, a valer-se do poder de punir como forma de solução de problemas sociais.

Ao contrário do que normalmente se divulga e é aceito no meio social sem maiores reflexões, partimos da concepção de que uma democracia não se caracteriza unicamente com a previsão e realização de eleições livres e diretas, mas sim, essencialmente, com a possibilidade de um amplo debate acerca de todas as políticas públicas, quer no parlamento, quer em todos os seminários, conferências, palestras, eventos acadêmicos em geral, ou mesmo nos encontros profissionais ou amistosos da vida cotidiana. Englobam-se nesses debates tanto as políticas administrativas quanto aquelas que expressam o exercício do poder mediante instrumentos de coação, como ocorre, normalmente, com a criminalização de condutas e com a decretação de medidas privativas e restritivas da liberdade. Se a democracia é o regime da discussão ampla de questões que afetam o indivíduo e seu desenvolvimento no mundo, deve ela ter como pressuposto a defesa da liberdade como condição essencial à proteção da dignidade da pessoa humana e do gozo dos direitos inerentes à cidadania, que constituem o cerne da estrutura do Estado brasileiro (Constituição Federal, art. 1º, II, III).

Nesta obra, buscamos fugir tanto dos dogmatismos como de visões ingênuas para refletir de modo crítico acerca da atuação do Estado no exercício do poder de punir, estabelecendo a necessidade de impor limites ao processo criminalizador e às respostas políticas tendencialmente ineficazes, desconectadas de pesquisas sérias sobre o tema e traduzidas na restrição, cada vez mais intensa, da liberdade de pessoas identificadas como indesejáveis aos olhos dos detentores do poder político e/ou econômico. Não se pretende, aqui, esgotar todas as particularidades que a relação entre liberdade e prisão possa ensejar. Nosso objetivo é suscitar o debate sobre esse tema e, assim, mirar na realização do ideal democrático em toda sua dimensão.

# 1

# PRISÃO OU LIBERDADE: UMA QUESTÃO DE PODER

A história do processo penal foi escrita a partir de dois fenômenos: a "liberdade" e a "prisão". A liberdade (inerente ao ser humano) e a prisão (essa construção de uma cultura que viu utilidade em permitir que pessoas possam enjaular outras pessoas) tornaram-se conceitos instrumentais ao exercício do poder. No processo penal, que se propõe a ser uma tentativa de racionalizar o uso do poder de punir, sempre há um drama humano, episódios de conflito, anseios de liberdade e desejos de punição.

O Estado, enquanto expressão política de um modo de produção e exploração, recorre à prisão como um instrumento de controle da população, de exclusão de pessoas indesejáveis, o que acaba por significar uma tentativa de dar continuidade a um determinado estado de coisas. A prisão tem, portanto, sempre função conservadora.

Registre-se, desde já, que o estudo do processo penal nunca será um exercício intelectual inocente, nem pode partir de premissas ingênuas (o processo penal, por exemplo, não é o local adequado à "luta do bem contra o mal"), desassociadas da faticidade ou travestidas de tecnicismos. Isso porque as ações e as omissões nesse campo sempre produzem efeitos de forte significação social, com a redução ou a ampliação dos danos produzidos na sociedade. Esse ramo do direito, marcado pela tensão diante da possibilidade de o Estado constranger as liberdades individuais, é "tão permeado por valores e por questões políticas que acaba se constituindo numa seara especialmente polêmica".[1]

Nunca se pode esquecer que o processo penal costuma servir de instrumento de repressão e incremento da violência social, mas isso implica uma opção política. Ao aderir a uma epistemologia autoritária, que prefere apostar no uso da força e incrementar preconceitos, apaga-se a dimensão potencial de garantia. Em um modelo autoritário, opta-se por um processo penal voltado ao encarceramento cada vez maior de parcela da população (os indesejáveis aos olhos dos detentores do poder político e/ou econômico), o que implica a redução dos limites ao exercício do poder penal e a correlata relativização dos direitos fundamentais.

O direito e o processo penal de cada país podem ser apresentados a partir de determinadas questões: "quem perseguir/punir", "quem é perseguido/punido", "o que perseguir/punir", "a quem interessa perseguir/punir" e "por

---

1   MACHADO, 2009, p. 1.

que perseguir/punir". É que a normatividade penal (processual e material), como já havia percebido Michel Foucault,[2] compõe um sistema que responde a intenções estratégicas a partir da correlação de forças. Em um país como o Brasil, lançado em uma forte tradição autoritária que naturaliza a hierarquização (racista, sexista, classista) entre os indivíduos e reforça a crença no uso da força para resolver os mais variados problemas sociais, não se pode mais pensar o processo penal como mera "sequência ordenada de fatos, atos e negócios jurídicos que a lei impõe (normas imperativas) ou dispõe (regras técnicas e normas puramente ordenatórias) para a averiguação do crime e da autoria, e para o julgamento da ilicitude e da culpabilidade".[3]

Se o objetivo é se aproximar do Estado Democrático de Direito, tipo ideal marcado tanto pela existência de limites ao poder quanto pela necessidade de concretização dos direitos fundamentais, deve-se compreender o processo penal como um dispositivo voltado, para além da persecução penal, à concretização do projeto constitucional de vida digna para todos. Um processo penal em que as restrições à liberdade estão comprometidas com o tempo vivível, ou seja, com o tempo em que, mais do que sobreviver, busca-se uma existência digna em que ainda seja possível intervir em nossas condições de vida; um processo penal que se distancie de Tânatos e que ainda aposte na tarefa humana de aprender e autoeducar-se com o objetivo de viver de modo mais pleno e digno. Em oposição à mera instrumentalidade das formas, princípio cunhado para o trato processual de direitos disponíveis, deve-se investir em uma instrumentalidade

---

2    FOUCAULT, 2015, p. 3.
3    TORNAGUI, 1991, p. 3.

democrática, garantista e constitucional,[4] em razão do dever do Estado de assegurar o respeito aos direitos fundamentais, entendidos como a dimensão material da democracia. Nesse ponto, pode-se dizer que o processo penal, diversamente do que se imagina, não se destina a viabilizar juridicamente a produção de uma sentença condenatória, mas sim a resguardar direitos fundamentais do imputado. Apenas o devido processo legal, apto à produção de provas adequadas da materialidade e da autoria de um delito, permite afastar direitos fundamentais como o direito à liberdade de ir e vir.

As formas processuais penais, em um modelo comprometido com o controle democrático e a restrição do poder penal ao mínimo necessário à vida em sociedade, não são negociáveis, isso porque constituem uma barreira à opressão e ao arbítrio. Alberto Binder, com razão, vai sustentar que, no processo penal, em um ambiente democrático, a "forma é uma garantia"[5] dos indivíduos que figuram como investigados ou processados. Essa compreensão do processo penal como instrumento de garantia corresponde, portanto, à necessidade de respeitar o conjunto de regras e princípios que regulam e limitam a possibilidade de impor repostas estatais às pessoas investigadas, processadas ou condenadas por delitos, com a incidência, por exemplo, dos princípios constitucionais da presunção de inocência e da intervenção mínima. Se toda pessoa é presumidamente inocente, ainda que sobre ela recaia uma acusação proposta pelo Ministério Público, está claro que o processo penal deve ser o veículo a respaldar essa assertiva: as normas democráticas resguardam o estado de inocência e a norma de tratamento que lhe é inerente.

---

4 LOPES JR., 2014, p. 53.
5 BINDER, 2003.

Se no modelo do Estado Democrático de Direito a regra geral é a da preservação da liberdade e não a de sua restrição pela prisão, a própria estrutura dos direitos fundamentais, os quais constituem o cerne jurídico da vida de relação (projeto constitucional de vida digna para todas as pessoas), impede que o poder de intervenção sobre essa liberdade possa se dar a partir da extensão irracional de medidas restritivas. Em outras palavras, a irracionalidade inerente ao populismo penal e à fúria inquisitiva é incompatível com o processo penal em um modelo de democracia constitucional.

O processo penal, para concretizar o projeto constitucional, deve seguir regras inegociáveis de proteção da pessoa. Daí se dizer que o processo penal, em paralelo ao direito penal, deve seguir o princípio da legalidade estrita (tipicidade), ou seja, só é admissível uma medida processual restritiva de direitos quando a lei, expressamente, a autorize. À medida que a lei não determine ou autorize expressamente a prisão, o juiz não pode ampliar os casos de sua imposição, em nada valendo o velho, surrado e ideológico princípio do livre convencimento. Não há "convencimento", "convicção" ou qualquer juízo subjetivo (e, portanto, tendencialmente arbitrário) que permita afastar o princípio da legalidade estrita.

Aliás, a tipicidade e a legalidade estrita existem justamente para evitar decisionismos processuais, subjetivismos inquisitivos, concepções ontológicas do desvio penalmente relevante e moralismos baratos típicos de quadros de populismo penal, nos quais o afeto do medo é manipulado para ampliar o poder penal, criar inimigos (o "nós" contra "eles") e fabricar falsas respostas para graves problemas sociais. Explica-se: modelos penais e processuais penais minimamente adequados à democracia exigem a existência e a valorização de limites rígidos ao exercício do poder de restringir a liberdade das pessoas. Modelos autoritários, por sua vez, apostam na desvalorização do papel da lei como critério único à fixação de medidas penais que tenham por consequência a restrição do direito à liberdade. Modelos autoritários contam com técnicas jurídicas e com "juristas" que produzem autorizações vazias, elásticas e indeterminadas, com o recurso a termos vagos e imprecisos ou juízos morais, para o encarceramento de pessoas.

Segundo se depreende da prática judiciária no Brasil, o processo penal está vinculado diretamente a esse poder de exercer o controle social através de respostas (chamadas de "penas") a determinadas condutas (ou pessoas) selecionadas em processos de criminalização. Partindo-se dessa premissa de ordem prática, o que se observa é um comprometimento do processo penal com os objetivos políticos de um projeto que naturaliza a existência de uma sociedade desigual e orientada para a repressão em detrimento da liberdade. Dessa forma, o processo penal internaliza, sob essa perspectiva, as ideias de seletividade (o processo penal é apenas para alguns, os selecionados pelo poder) e de "neutralidade" em relação aos efeitos concretos da aplicação de seus institutos em desfavor de seres humanos.

Percebe-se, pois, a distorção do significado do processo penal no Estado Democrático de Direito: de um processo penal de garantia para um processo penal de facilitação e justificação da condenação; de instrumento de contenção do poder para um instrumento de controle da população. Esse fenômeno não só facilita o enaltecimento da técnica processual, apresentada como "neutra", e o aperfeiçoamento da sedução exercida por seus institutos, como também reforça a beleza dos mitos que a dogmática tradicional costuma lhe atribuir. Vale lembrar que os objetivos "tradicionais" atribuídos ao processo penal, como o reforço da segurança pública, o combate ao crime e a punição dos criminosos, não devem conduzir ao esquecimento de que a restrição e a perda da liberdade estão sempre associadas ao sofrimento e violência que o Estado produz.

Do ponto de vista político, esse conjunto de normas que trata do poder penal costuma ser apresentado de diferentes formas, ora como meio de punir criminosos e reduzir a criminalidade, ora como "garantia política de que a pena criminal somente será aplicada por meio de um procedimento formalmente estabelecido, já que toda punição deve ser precedida de um processo e de um julgamento formal".[6] Essas formas que o processo penal pode assumir, vale registrar, são também o resultado de opções políticas relacionadas à ampliação ou à restrição do poder de aplicar penas a indivíduos.

Para além da possibilidade de restringir a liberdade de forma tendencialmente ilimitada, a opção por um processo penal autoritário, construído a partir de uma epistemologia autoritária, exige também medidas que busquem convencer a população de que um maior número de prisões de indivíduos equivale a uma maior segurança da sociedade. Para tanto, a segurança do valor "liberdade" é esquecida, em nome de um direito abstrato à segurança, comprometido com um projeto político autoritário de controle dos marginalizados. O objetivo é substituir o mal-estar e a perspectiva negativa direcionada às medidas que privam a liberdade, típicas de um estilo de vida democrático, por afirmações grandiloquentes de apoio à repressão, inerentes ao estilo autoritário e inquisitorial, no qual o Estado percebe o indivíduo como um objeto a ser usado e, se for o caso, destruído

---

6   MACHADO, 2009, p. 1.

e descartado. Em sua *Teologia política*, Carl Schmitt escreveu que é soberano quem decide sobre o estado de exceção, e os teóricos do processo penal autoritário (e utilitarista) defendem que a soberania passa por afastar os limites (jurídicos, éticos etc.) à restrição da liberdade e prender de forma tendencialmente ilimitada.

O processo penal, como disciplina jurídica e produto humano, está condicionado por uma tradição. A visão que se pode ter dessa disciplina depende, portanto, de uma pré-compreensão acerca das ideias de liberdade e de punição, da fé ou da descrença que o observador/estudante deposite no sistema de justiça criminal e, em especial, na prisão. No Brasil, essa disciplina é gravemente afetada por um vasto repertório de elementos culturais desassociados do projeto democratizante encartado na Constituição Federal de 1988, significantes que se projetam no tempo e repercutem na formação de um *imaginário autoritário*, de uma cultura que acredita no uso da força, em detrimento do conhecimento, como forma de solucionar os mais diversos problemas sociais. A ausência de elaboração satisfatória de fenômenos históricos, como a escravidão e a ditadura militar-empresarial instaurada em 1964, explica, em parte, a continuidade autoritária que se caracteriza pela crença na hierarquização entre as pessoas, no uso da violência (quanto mais violência, mais poder) e na demonização do conhecimento. No Brasil, há uma tradição autoritária que repercute na forma como o processo penal é percebido e aplicado, na forma como a prisão é privilegiada enquanto a liberdade é relativizada e passa a ser afastada no dia a dia forense sem maiores constrangimentos.

Todavia, deve-se ter presente que, ao menos no Estado Democrático de Direito, a função das ciências penais, e do processo penal em particular, é a de contenção do poder. O processo penal só se justifica como óbice ao arbítrio e à opressão. O desafio é fazer com que sempre, e sempre, as ciências penais atuem como instrumento de democratização do sistema de justiça criminal. Não por acaso, um "processo penal" que não é forjado para se desenvolver ou enfrentar seus problemas e contradições a partir do reconhecimento da seletividade (o processo penal não atinge a todos com a mesma intensidade; da mesma forma, o direito penal não representa e nem tutela interesses comuns a todo o corpo social), do ponto de vista democrático e dos interesses gerais da população brasileira, é uma disciplina inútil ou, ainda pior, útil apenas à manutenção dessa mesma ordem injusta. Nesse sentido é que se diz que a dogmática do direito penal deve ser vista, sempre, sob a ótica da contenção de poder e não de sua justificação.[7]

Por seu turno, a consciência da dimensão política do processo penal é uma das principais condições à construção de uma disciplina de conteúdo democrático e, consequentemente, de uma teoria apropriada à democratização do sistema de justiça criminal e da relação entre liberdade (regra) e prisão (exceção). O sistema de justiça criminal integra a estrutura do Estado e, portanto, é o espaço político em que se dá o controle social e outras funções típicas do governo da sociedade. O processo penal, "além de ser um dado histórico-cultural, expressa, formalmente, não só a constituição e o desenvolvimento de um modo de produção material, senão ainda suas inerentes relações estruturais de poder, segurança e dominação".[8] A compreensão desse

---

7   TAVARES, 2022, p. 52.
8   WOLKMER, 1989, p. 139.

quadro é o ponto de partida ao estudo do fenômeno "prisão" como forma de reforçar o valor "liberdade" na sociedade.

Compreender que a relação entre "prisão" e "liberdade" constitui uma manifestação de poder (e que a contenção do poder é o núcleo da dimensão política do processo penal) auxilia na identificação dos elementos e discursos afetados pela tradição autoritária e, assim, permite que a atuação dos cientistas penais, dos atores jurídicos e dos formadores de opinião volte-se à realização da democracia. Impossível, pois, deixar de prestar atenção à dimensão política do sistema de justiça criminal e à funcionalidade do processo penal. Como lembra Binder, não raro, é a "política" (essa dimensão política do processo penal), inclusive com fortes raízes históricas, que explica "a orientação do sistema para o castigo exclusivo dos setores pobres e vulneráveis ou ao seu oposto, a impunidade estrutural dos poderosos e privilegiados".[9] Ainda segundo esse autor, é "a política que impede que os juízes sejam independentes, que normas evidentemente constitucionais sejam desconsideradas".[10] Razões políticas constituem, frequentemente, o pano de fundo da manutenção de prisões ilegais ou desnecessárias em nome do clamor público ou da "opinião publicada" nos meios de comunicação de massa. Por evidente, um juiz dificilmente expressará em uma sentença que a decisão correta era outra, mas que tomou essa porque agindo assim favorecerá a sua carreira ou terá maior segurança pessoal ou, ainda, evitará que seja perseguido por razões políticas. Os mecanismos são muito mais sutis.[11] No entanto, a política não pode ser

---

9   BINDER, 2013, p. 219.
10  *Ibid.*, p. 219.
11  *Ibid.*, p. 223.

afastada do sistema de justiça, como desejam, ou dizem acreditar, os ideólogos da antipolítica: a solução para os desvios políticos autoritários no campo do sistema de justiça, portanto, parece estar na opção por políticas democráticas.

O papel do Poder Judiciário (que ora se apresenta como garantidor dos direitos fundamentais, ora como agência de segurança pública, mero coadjuvante do Poder Executivo), na manutenção, ou não, de prisões ilegais ou desnecessárias tem, também, forte coloração política. O reconhecimento "dessa dimensão política no processo de determinação do sentido das normas processuais é um passo obrigatório e pleno de possibilidades para fortalecer o sentido adequado, segundo o conjunto de valores democráticos e republicanos do processo penal",[12] da mesma maneira como é indispensável à concretização dos objetivos do Estado Democrático de Direito.

Vale lembrar que o Estado de Direito se apresenta, com certa hipocrisia, em oposição ao Estado absoluto e ao Estado policial, modelos autoritários de Estado. Do ponto de vista histórico, o Estado de Direito surge em um movimento de reação ao absolutismo e demais formas de autoritarismo. A história, contudo, tem demonstrado o fracasso desse projeto político. Basta lembrar que o Estado fascista italiano e o Estado nazista alemão também se apresentavam como Estados de Direito. Não raro, a única função do formalismo jurídico que acompanha o Estado de Direito foi a de servir de mediação ideológica entre o Estado e a sociedade civil. Ao invés de controlar o poder e projetar uma nova sociedade, o direito serviu (e ainda serve) para ocultar as relações de dominação política e exploração econômica. Nesse quadro, a funcionalidade real do Estado de Direito passa a ser a de

---

12   *Ibid.*, p. 221.

facilitar a dissimulação das forças sociais e, assim, viabilizar a aparência de normalidade indispensável à manutenção desse sistema de dominação e exploração.

Não obstante, a ideia de Estado de Direito é importante porque traz em si a de limites legais ao exercício do poder. Ao reconhecer a existência de limites "através de sua própria lei, o mesmo Estado deve a ela submeter-se. Eis a definição primeira do Estado de Direito, aquele que respeitando os direitos individuais dimanados da natureza, cria as leis da convivência política e a elas se submete".[13] O Estado é, em essência, uma "forma histórica de organização jurídica do poder".[14] Todavia, ao longo da história nem sempre essa organização jurídica permitiu a contenção do poder. Por vezes, o Estado se "submete" a leis que não servem de verdadeiro óbice ao exercício do poder; em outras, a própria legislação estimula a ampliação do poder sem contraste: há, nesses casos, mera aparência, mero simulacro de contenção do poder e o "estado de direito" revela-se apenas uma ideologia.

Mais do que um mero Estado de Direito, na lição de José Canotilho, "qualquer que seja o conceito e a justificação do Estado – e existem vários conceitos e várias justificações – o Estado só se concebe hoje como Estado Constitucional".[15] Mais do que um Estado de Direito, um Estado Democrático em razão do respeito à Constituição. A Constituição deve(ria) funcionar na racionalização da atividade estatal e integrar a pré-compreensão dos agentes estatais. O Estado Constitucional é Estado de Direito, mas é mais do que isso, é também Estado Democrático.[16] Isso significa que o poder, além de

---

13   COELHO, 2006, p. 91.
14   CANOTILHO, 2003, p. 89.
15   *Ibid.*, p. 92.
16   *Ibid.*, p. 93.

limitado, deve ser exercido de forma democrática e direcionado à concretização do projeto constitucional.

O Estado Democrático de Direito, tipo ideal que nasce após a derrota do nazifascismo com o objetivo de tentar criar obstáculos normativos à barbárie, não se contenta com a democracia meramente formal, identificada com o princípio da maioria como elemento legitimador do exercício do poder. O desejo de maiorias de ocasião pode ser autoritário (pena de morte, internação compulsória, penas draconianas etc.). Para que exista verdadeiro Estado de Direito em sua versão democrática é indispensável que o Estado seja "dotado de efetivas garantias, sejam liberais ou sociais".[17] Dito de outra forma: só há Estado Democrático de Direito se existir democracia substancial, isto é, se, além do sufrágio universal, também se fizer presente o respeito aos direitos e garantias fundamentais, dentre eles, em destaque, a liberdade. Da mesma forma, uma verdadeira democracia pressupõe não apenas o funcionamento de um parlamento, senão também a possibilidade real de que as pessoas, com base em sua capacidade concreta de participar da elaboração das normas, possam se orientar em conformidade com essas normas e, assim, exercer o direito subjetivo de crítica de suas próprias ações e das ações dos demais, mediante a afirmação de que constituem o centro da ordem jurídica. Nas palavras de Canotilho, o Estado Democrático de Direito centra-se em duas ideias básicas: o Estado limitado pelo direito (em especial, pelos direitos fundamentais, que funcionam como "trunfos contra as maiorias") e o poder político estatal legitimado pelo povo.[18]

---

17   FERRAJOLI, 2002, p. 694.
18   CANOTILHO, 1999, p. 32.

Democracia e direitos fundamentais "estão interligados com a mesma primordialidade no processo constituinte".[19] Na democracia, os cidadãos concebem a Constituição, e assim reconhecem direitos a si mesmos, bem como estabelecem limites ao Estado. Algo que, em Sigmund Freud, é explicado através do "mito do assassinato do pai",[20] no qual o indivíduo ameaçador é morto e substituído por um símbolo que também exerce a função de contenção do poder. Mesmo com a morte do pai, o limite permanece como condição de possibilidade da vida em sociedade. Não há civilização ou democracia sem a necessidade de limites, por vezes contraintuitivos, às ações humanas.

Também não se pode esquecer que os direitos humanos, entendidos como os direitos de todos, não são dados da natureza (como defendem alguns metafísicos), mas uma construção resultante de muitas lutas políticas (na linha desenvolvida pela Teoria Crítica do Direito), isto é, "constituem o resultado, sempre provisório, da concretização de processos de luta pela dignidade humana".[21] Nesse conceito, a ênfase deve ser dada à provisoriedade: os direitos humanos, entendidos não como abstrações que tranquilizam as almas, mas como elementos concretos que atuam para assegurar a existência de vidas que valem a pena serem vividas, estão sempre em perigo. Na atual fase do capitalismo, os direitos humanos costumam ser percebidos como obstáculos (e, portanto, descartáveis) ao lucro fácil e à eficiência repressiva direcionadas aos indesejáveis (pobres, inimigos políticos etc.). Insistir em uma perspectiva democrática,

---

19  HABERMAS; RATZINGER, 2007, p. 29.
20  FREUD, 1999.
21  HERRERA FLORES, 2011, p. 15.

porém, significa impor limites ao capitalismo e, portanto, aos interesses dos detentores do poder econômico e/ou político, com o respeito concreto aos direitos humanos, inclusive na compreensão da relação entre a liberdade e a prisão.

Como salienta Heiner Bielefeldt, a proteção da dignidade humana não pode ser interpretada restritivamente, até porque se "o respeito pela dignidade humana tem o estatuto de pressuposto incontornável dos compromissos normativos em geral, ele abrange necessariamente todos os seres humanos".[22] Impossível escolher quem merece, ou não, tratamento digno. Não importa a origem, o sexo, o gênero, a condição social, a cor da pele, a inteligência, a capacidade, a formação acadêmica ou profissional, o patrimônio, a fama, a aparência, a higidez física ou mental, a idade, o sucesso, a ficha limpa ou os antecedentes criminais, porque todos os seres humanos "pertencem – de acordo com a medida da igualdade – ao tecido da reivindicação recíproca de respeito que está na base de todo o domínio da moral e do direito"[23]. Assim, se a dignidade humana fosse depender dessas condições ou fatores da vida social, da utilidade ou de características individuais, de fatores externos da pessoa, então, "a dignidade humana ver-se-ia privada do seu estatuto normativo absolutamente fundamental; ficaria sujeita a avaliações externas e deixaria de ser o ponto de referência último"[24]. Portanto, "o racismo, o sexismo, a homofobia, o desrespeito pelas pessoas com deficiência e outras ideologias de desigualdade não só ofendem as pessoas diretamente afetadas, como também corroem as bases normativas da convivência humana".[25] O mesmo

---

22 BIELEFELDT, 2008, p. 14.
23 *Ibid.*, p. 14.
24 *Ibid.*, p. 14.
25 *Ibid.*, p. 14.

raciocínio protetivo se aplica também aos acusados e, inclusive, aos que já foram condenados.

Com Luigi Ferrajoli, pode-se afirmar que a concretização do Estado Democrático de Direito leva à "expansão dos direitos dos cidadãos e correlativamente dos deveres do Estado, ou, se se preferir, na maximização da liberdade e das expectativas, e na minimização dos poderes".[26] Ou seja, o projeto de Estado Democrático de Direito se contrapõe aos atos autoritários, tendencialmente fascistas, que levam à ampliação dos poderes do Estado (em especial, do poder penal, apresentado como solução para os mais diversos problemas sociais) e à minimização das liberdades individuais. O que se encontra em jogo (sempre com forte coloração política) no campo da justiça penal, percebe Binder, é "uma específica forma de violência física, que chamamos pena e que consiste, basicamente, na reclusão sob um sistema de internação violenta que denominamos *cárcere*".[27] Frise-se que, por mais que se incentive a aplicação de penas alternativas à prisão (outras formas de violência estatal, menos agressivas à liberdade), o encarceramento – a prisão – continua a ser apresentado como a resposta estatal preferencial aos desvios etiquetados de crimes. Mesmo as penas alternativas implicam graves restrições de liberdade e, ao contrário do que se imagina, não reduzem, senão ampliam o poder punitivo (as pessoas que ficavam presas, tendem a continuar presas; outras pessoas passam a ficar submetidas às limitações da liberdade impostas por medidas penais "alternativas").

Saliente-se que o combate simbólico da criminalidade, que se opera no Estado atual, e que tem respaldo no processo

---

26  FERRAJOLI, 2002, pp. 694-695.
27  BINDER, 2013, p. 246.

penal que adere à epistemologia autoritária, cumpre, exatamente, um papel bastante característico: o modelo de disciplina, imposto pela sanção penal, deixa de ser dirigido a uma pessoa que viola um bem jurídico ou que é declarada culpada para estender-se a categorias de pessoas que colocam em risco a ordem ou que fomentam oportunidades para a desordem, criando-se, com isso, uma nova espécie de delinquentes, os chamados *descuidados* ou indesejáveis, o que só tem sentido dentro dos grandes conglomerados abertos ao público, mais precisamente em razão da perversão da comunidade social pela propriedade privada. Mas não é só. Atualmente, pode-se falar em um devir culpado (e não apenas no campo jurídico): cada vez mais pessoas podem figurar como acusadas e, ao final, acabar condenadas a partir de processos de criminalização tendencialmente caóticos e sem limites. Mais do que em sociedades disciplinares, vivemos em uma sociedade de controle contínuo, como já percebia Gilles Deleuze. Com isso, também muda a forma como o Estado faz uso do poder penal: a exceção tende a se tornar regra. E salta aos olhos que "o modo como o Estado faz uso do poder penal é um dos indicadores mais precisos do aprofundamento do sistema democrático em uma sociedade, e o grau de respeito à dignidade de todas as pessoas é a base essencial do conceito democrático".[28]

Para concluir: apostar na prisão, no ato concreto de enjaular seres humanos, ou privilegiar a liberdade dos indivíduos, mesmo daqueles que cometeram desvios sociais, são posturas que retratam uma opção política e muito revelam a característica do Estado e da sociedade em que esses atos se concretizam. Não por acaso, James Goldschmidt afirmou

---

28   *Idem*, 1997, p. 45.

que "a estrutura do processo penal não é senão o termômetro dos elementos corporativos ou autoritários de sua constituição".[29] A ampliação do poder penal é sempre um sintoma de autoritarismo, pois corresponde ao crescimento das hipóteses de restrição aos direitos fundamentais, núcleo normativo (dever-ser) democrático da vida (ser) em sociedade.

---

29   GOLDSCHMIDT, 1983, p. 175.

# 2

# LIBERDADE: UM DOS VALORES DA JURISDIÇÃO PENAL

Conceituar jurisdição está longe de ser uma questão tranquila. Em comum entre as diversas tentativas de definir a jurisdição está a ideia do poder estatal. Segundo a doutrina dominante, a jurisdição constitui, igualmente, uma função e um dever do Estado contemporâneo. A partir do mito do Contrato Social, construiu-se a concepção de que, em nome do "bem comum" (essa abstração indefinível), os indivíduos renunciaram ao direito de fazer justiça com as próprias mãos e, inclusive, por isso mesmo, admitiram a possibilidade de restrições à sua liberdade individual. Nesse ponto, surge para o Estado, ente responsável pela "ordem", o dever de "fazer justiça", de entregar a prestação jurisdicional solicitada. Não obstante, como diz Alysson Leandro Mascaro, é importante lembrar que a relação entre forma política estatal e instituições políticas estatais não é lógica, mas factual, isso porque "atravessada, necessariamente, pela luta de classes, grupos e indivíduos".[30]

A atividade jurisdicional é sempre uma atividade cognitiva que implica valorações de fatos e de decisões sobre questões postas à apreciação da Agência Judicial. A origem etimológica da palavra "jurisdição" está assentada na locução latina *iuris dictio*, que, por sua vez, deriva da locução *jus dicere*. Historicamente, a jurisdição foi inicialmente identificada como uma manifestação do poder régio e, em seguida, da soberania popular. Verdadeira concretização do *ius imperii* estatal, a jurisdição penal, que engloba funções de conhecimento, de execução e cautelares, revela-se indispensável ao Estado de Direito. Porém, o exercício concreto da função jurisdicional penal sempre necessitou do poder disciplinar, de "uma trama de coerções materiais e contínua vigilância".[31] E mais: como tem demonstrado a história recente do Brasil (para tanto, basta analisar o fenômeno jurídico-midiático da "Operação Lava Jato"), alguns atores jurídicos passaram também a fazer uso de técnicas voltadas à formação de consensos populares antidemocráticos (vazamento de informações, manipulação de dados processuais, delações produzidas em desconsideração ao valor "verdade", entrevistas sensacionalistas etc.) para pressionar e coagir julgadores (quem resistia à violação de direitos fundamentais

---

30  MASCARO, 2013, p. 47.
31  BORGES, 2001, p. 57.

no âmbito da Lava Jato passava a ser tratado por parcela considerável dos meios de comunicação de massa como um corrupto em potencial), afastar direitos fundamentais e permitir prisões que, segundo os limites democráticos, deveriam ser consideradas ilegais.

A *jurisdicionalidade* (princípio da submissão à jurisdição) é a principal garantia processual do cidadão, pressuposto de todas as outras. Isso porque a exigência do exercício da função jurisdicional para a concretização do poder de punir assegura ao Poder Judiciário a posição de protetor de todos os direitos e das demais garantias materiais e processuais. O acesso à justiça penal faz-se através da incidência do princípio da jurisdicionalidade; a garantia da liberdade do indivíduo também. Apesar de ser um princípio de garantia, em função dele a doutrina vem perfilando, equivocadamente, a tese de que "o processo penal é o caminho necessário para a pena".[32] Essa ideia da vinculação entre processo penal e pena, se, por um lado, está assentada no princípio da jurisdicionalidade, por outro, fortalece a visão distorcida de orientar o processo penal no sentido da consecução de uma sentença condenatória. Na verdade, o princípio da jurisdicionalidade deve ser interpretado como impositivo de que todas as medidas de intervenção estatal sobre a liberdade pessoal devem, necessariamente, passar pelo crivo de procedimentos rígidos, construídos sob o pressuposto da defesa dos direitos fundamentais e não do poder de quem acusa. Nesse sentido, se pode afirmar o *princípio da necessidade do processo penal* (não existe pena sem processo penal), mas não no sentido de instrumento para a imposição de pena, senão de contenção do poder de

---

32    LOPES JR., 2009, p. 23.

punir. É preciso um sujeito processual (juiz) distante dos interesses de quem acusa, em uma posição originária de não-saber em relação ao resultado do caso penal, para impor uma pena ou outras medidas restritivas da liberdade, desde que estejam presentes os requisitos previstos estritamente na legislação. A jurisdicionalidade enuncia que uma pena só pode ser aplicada depois de esgotados todos os recursos de preservação dos direitos fundamentais do acusado; mais precisamente, a pena só pode ser legalmente imposta após o devido processo legal, que funciona como filtro contra a opressão, o arbítrio e a violação dos direitos fundamentais.

Seguindo Ferrajoli, é de se afirmar que a jurisdicionalidade pode ser entendida em dois sentidos:

a) em sentido lato (*nulla poena, nullun crimen, nulla lex poenalis, nulla necessitate, nulla injuria, nulla actio, nulla culpa sine judicio*): o juízo é simplesmente uma exigência do conjunto de garantias penais ou substanciais;[33]

b) em sentido estrito (*nullum iudicium sine accusatione, sine probatione et sine defensione*): o juízo requer e garante o conjunto de garantias processuais ou instrumentais.[34]

A jurisdicionalidade, ou seja, a submissão/exigência da jurisdição à imposição de uma pena está ligada de forma umbilical ao princípio da legalidade. Em conjunto, a "jurisdicionalidade" e a "legalidade" garantem a conformação legal do sistema penal e procuram impedir distorções nas formas concretas de manifestação do poder penal. Tanto a legalidade quanto a jurisdicionalidade reforçam o caráter

---

33   FERRAJOLI, 2002, p. 432.
34   *Ibid.*, p. 432.

de contrapoder inerente à Agência Judicial, isto é, revelam que o Poder Judiciário é (ou deveria ser) o principal limite ao poder e à opressão.

Por *valores da jurisdição penal* têm-se a verdade e a liberdade.

A função jurisdicional é uma atividade estatal de natureza cognitiva e, portanto, é impossível pensá-la desassociada da busca da verdade. E de um método para tanto. Procura-se ao longo de um processo judicial, através da produção de provas, conhecer a verdade, reconstruir, na medida do possível, um fato histórico. Registre-se, porém, que os atores jurídicos devam reconhecer os limites humanos que impedem a descoberta da verdade (aqui entendida em seu sentido greco-romano, isto é., como correspondência/adequação entre o que está no mundo e o que é dito). Inexiste a possibilidade de se alcançar a propalada "verdade real" que tanto arbítrio justificou (torturas, provas ilícitas etc.) ao longo da história. Na busca pela verdade, muito mal foi (e ainda é) produzido. Vale repetir: a verdade está no todo (e o todo não é apreensível pelo ser humano), isso porque o conhecimento é sempre parcial, como concluiu o Francesco Carnelutti tardio, influenciado pela leitura de Martin Heidegger.[35] Não obstante, por mais que a verdade seja inalcançável, não se pode abrir mão desse valor e das tentativas de aproximação com ela. Registre-se, ademais, que o conceito de verdade, principalmente de verdade real, jamais se mostrou incontroverso. Mesmo na filosofia, pode-se ver como a reconstrução da experiência, realizada por Franz Brentano e, depois, pelo Círculo de Viena, conduziu à demonstração da necessidade de uma correção da teoria

---

35    CARNELUTTI, 1965, pp. 4-9.

aristotélica da verdade como correspondência entre o pensamento e a realidade.[36] Como explicita Oskar Kraus, ainda que se reconheça a capacidade de cada um de identificar, a partir dos fatos, o que está comprovado ou não, resta sempre a possibilidade da presença de um juízo errôneo ou falso.[37] No entanto, o conceito de verdade não pode ficar resumido à mera especulação. Na tese de Brentano, a afirmação da verdade não pode jamais se afastar da análise dos fatos. Serão as provas dos fatos que conduzirão ao juízo acerca de sua existência ou inexistência. Dessa forma, a correspondência não pode ser concebida como a relação entre o pensamento e as coisas, mas sim entre o pensamento e suas categorias objetivas, de modo a transportá-las a um procedimento global. Com isso, o que se busca é impedir que um juízo efetuado sobre os fatos possa ser falso e verdadeiro, ao mesmo tempo, o que poderia ocorrer caso se procedesse de conformidade com uma teoria subjetiva da verdade. Embora não se possa alcançar a verdade real, o juízo não pode ser contraditório diante da apreciação dos fatos, ou seja, não se trata de uma apreciação subjetiva dos fatos, mas de uma análise dos elementos objetivos que os compõem.

O processo penal, que na democracia está comprometido com a redução dos espaços e das oportunidades de arbítrio, deve buscar, porém, em cada julgamento, a máxima aproximação com o valor "verdade" (alguns, por isso, dizem que a "verdade processual é aproximativa"), respeitados os limites fáticos, legais e éticos. No juízo penal, manifesta-se a relação entre saber (*veritas*) e poder (*auctoritas*), isso porque os julgamentos são construídos por uma mistura de conhecimento

---

36 BRENTANO, 1974, p. 121 e seguintes.
37 *Ibid.*, p. XII.

e decisão: quanto mais distantes do valor "verdade", mais poder tendencialmente arbitrário se fará presente e mais arbitrária, e incontrastável, será a decisão. O abandono do valor verdade leva à substituição do conhecimento pelo decisionismo, da comprovação de um fato pela reafirmação de uma hipótese sem base empírica, de decisões lastreadas em fatos por decisões baseadas em convicções, certezas (ainda que delirantes), desejos ou moralismos. Não há, portanto, verdadeiro processo de conhecimento sem o valor "verdade". Não há justificação adequada de uma decisão judicial sem referência à "verdade" (ainda que aproximativa).

Necessário, portanto, afastar do âmbito processual penal as teorias contaminadas pelo medo da verdade (verofobia), por mais que esse medo, como demonstra a história das inquisições e das ditaduras militares da América Latina (a tortura, na busca da "confirmação" de uma hipótese foi, e ainda é, uma realidade), tenha razões para existir. Se a verdade costuma ser manipulada e violada para oprimir, o medo da verdade também leva à opressão, ao afastamento de um complexo de garantias do indivíduo que relacionam o fato praticado e com a pena a ser imposta. Costuma-se afirmar que um argumento é válido se as premissas forem verdadeiras, o que, em princípio, permite considerar verdadeira também uma determinada conclusão ou, ao menos, considerar inválidas todas as conclusões que contrariam as premissas. Se a noção de verdade for repudiada, a validade de um argumento ou mesmo de uma conclusão passará a depender da crença de cada um, o que inviabiliza não só o debate racional como também a existência de um espaço público democrático (em que se busquem consensos mínimos) e laico (no qual a fé não condicione a política ou a aplicação do direito). Sem o valor "verdade" não há a função de conhecimento e, portanto, desaparece o sujeito cognitivo. A própria metodologia, ligada à epistemologia, que tem por objetivo estabelecer as condições de verdade dos enunciados, torna-se sem sentido. As regras processuais penais de garantia, relacionadas com o valor "verdade", também se tornam dispensáveis. Em resumo, a verofobia "não só nos priva da possibilidade de apelar à noção de verdade, mas também decreta o fim do próprio empreendimento epistemológico",[38] bem como das garantias processuais relacionadas com o valor "verdade".

A verdade, qualquer que seja a teoria que busque explicá-la, funciona como um limite, mais intenso (teorias da correspondência, teorias fenomenológicas, teorias hermenêuticas) ou menos intenso (teorias pragmáticas, da coerência, utilitaristas, intersubjetivas), ao exercício do poder penal. Assim, a concepção da verdade como a de um conjunto de opiniões aceitas e negociáveis em uma comunidade ou como aquilo em que é oportuno crer em determinado contexto, conforme uma interpretação subjetiva, faz parte de um modelo de garantia insuficiente em um Estado Democrático de Direito. Já a concepção de que a verdade guarda correspondência com os fatos e os objetos ou movimentos que a compõem (ainda que em uma perspectiva lógico-semântica, hermenêutico-ontológica ou dialético-materialista) configura uma garantia potencialmente efetiva contra o arbítrio.

Uma justiça distanciada da verdade é um espaço vazio a ser preenchido pelo arbítrio; é uma justiça tendencialmente autoritária e menos sujeita a controles. Assim, um juízo de que a tese exposta ao Poder Judiciário é verdadeira, a partir do procedimento de reconstrução de fatos que constitui o

---

38  VASSALO, 2007, p. 21.

"caso penal", aparece como condição necessária para que uma decisão seja percebida como justa. A averiguação da verdade, se não é o fim e nem define a essência do processo judicial (já existiram, e ainda existem, processos judiciais que abriram mão do valor "verdade", como no modelo da Justiça Penal de Consenso, que se concretiza com transações penais, acordos de não-persecução penal e outros institutos inspirados no *plea bargain* norte-americano), funciona como pressuposto para se reconhecer a justiça de uma restrição da liberdade em um caso concreto. A relação da verdade com a adequação da decisão que aplica a lei a um caso também se revela nas hipóteses de prisão antes do trânsito em julgado de uma sentença condenatória: nesses casos, a prisão só é adequada se for possível realizar, a partir da análise de dados concretos, um juízo prognóstico sobre a existência de um delito e de eventual privação da liberdade do agente. A partir dessa premissa, tem-se afirmado a relação necessária entre a epistemologia e a verdade processual, sem que isso recaia tanto em visões ingênuas sobre a possibilidade de um sujeito, limitado por ser humano, descobrir a verdade como na ilusão do conhecimento judicial objetivo.

Os princípios, regras e *standards* probatórios (quantidade e qualidade de provas necessárias para se chegar a uma decisão) identificados pela epistemologia, tendem a assegurar tanto o caráter científico do conhecimento como a verdade e a justificação adequada das decisões judiciais. Permitem também a afirmação mais segura da materialidade e da autoria de um delito, bem como da presença dos elementos necessários à restrição da liberdade de um indivíduo. É importante salientar, porém, que nenhuma "verdade epistemológica", ou seja, nenhuma verdade limitada pela crença na epistemologia ou na pureza metódica, é suficiente para uma condenação quando essa verdade (suas premissas e conclusões), que se apresenta como científica, contrariar os fatos demonstrados em juízo, descobertos em desobediência aos critérios científicos, favoráveis ao estado de liberdade do imputado. Nem seria possível admitir-se uma verdade "por coerência" ou "utilitarista" (capaz de aumentar a felicidade da maioria da população), nas hipóteses em que os dados sejam de tal forma notórios em favor do acusado.

Em outras palavras, em um modelo que se sustenta na democracia, os limites epistemológicos, que como todo limite tende a levar a juízos contrafáticos, podem servir à defesa da liberdade, mas não se mostram suficientes a gerar uma condenação ou um encarceramento. Existem outros valores constitucionais e opções de política criminal que estão implicados na produção de uma decisão que restringe a liberdade de uma pessoa. Vale lembrar que o compromisso do "saber científico" com a verdade, não raro, se revela como um discurso de situação. As certezas científicas, aliás, se caracterizam pela provisoriedade e por possuírem uma dimensão ideológica. Existem paradoxos, diferenças intradiscursivas, silêncios e lacunas (ideologicamente suspeitos) em meio à produção do saber-científico que não podem ser ignorados ou instrumentalizados para gerar a ampliação do poder penal e a restrição da liberdade individual. Vale, nesse ponto, a sempre precisa crítica de Bertrand Russell ao conceito de verdade como coerência, o qual serve de base para a formulação de crenças:

> Pode-se observar que as mentes não criam a verdade ou a falsidade. Elas criam crenças, mas, uma vez que as crenças são criadas, a mente não pode torná-las verdadeiras ou falsas, exceto no caso especial em que dizem respeito

a coisas futuras que estão dentro do poder da pessoa que acredita, como pegar trens. O que torna uma crença verdadeira é um fato, e esse fato não envolve, de nenhuma maneira (exceto em casos excepcionais), a mente da pessoa que possui a crença.[39]

Nem o consenso e nem a coerência podem servir de afirmação de um fato criminoso, por exemplo, quando esse fato simplesmente não existiu ou quando não existam provas lícitas de sua ocorrência. A verdade processual não pode, portanto, ser vista como um conceito puramente instrumental, conforme a conveniência das proposições; daí a falência de todas as concepções que a tratam apenas como uma entidade científica (a verdade é, por si só, com ou independentemente da ciência).

A busca da demonstração de um fato, dentro dos rígidos limites do procedimento de garantia, corresponde à função jurisdicional e envolve sempre, e sempre, considerações sobre as liberdades do indivíduo. Com isso, pode-se dizer que a Agência Judicial não é apenas um aparelho burocrático e insípido do Estado, mas deve ser o garantidor dessas liberdades e dos demais direitos fundamentais da pessoa humana. Ao conceber-se o processo penal como instrumento de garantia e não como um procedimento simplesmente punitivo em um ambiente inquisitorial ou autoritário, pode-se explicar corretamente seu funcionamento ideal no Estado Democrático de Direito.

Os valores *verdade* e *liberdade* acabam por ter fortes conexões no exercício concreto da função jurisdicional. Explica-se: é a possibilidade de verificação das hipóteses

---

39  RUSSELL, 1912, p. 112.

fáticas (a busca da verdade possível, sempre aproximativa, típica das atividades cognitivas) que funciona como um dos limites aos espaços potestativos/arbitrários de decisão e que, portanto, age como garantia de liberdade do imputado. Inegável, pois, a relação entre a garantia de decisões baseadas no valor "verdade" e a liberdade concreta dos indivíduos submetidos a processos judiciais.

Afinal, o que é a liberdade? Trata-se de palavra polissêmica. De modo geral, como percebe Felix Oppenheim, "os escritos políticos raramente oferecem definições explícitas de liberdade em termos descritivos",[40] sendo certo que esse significante "apresenta diferentes significações, conforme os diferentes modelos éticos que inspiram os autores".[41] A liberdade, em uma concepção atrelada a certa tradição própria do modo de produção capitalista, possui um valor em si mesmo (liberdade como um "bem" a ser usado, gozado, fruído e manipulado), enquanto, em uma visão marxista, costuma ser apresentada como um meio (dentre outros disponíveis) à realização das potencialidades do ser humano.[42]

Hoje, em razão da hegemonia da racionalidade neoliberal, a liberdade é percebida como mais uma mercadoria; um objeto que pode ser negociado ou descartado. Um exemplo: na história recente do Brasil, utilizou-se o instituto da colaboração premiada para o inquisidor negociar a "informação útil" (a informação/mercadoria que atendia ao interesse do inquisidor) em troca da liberdade do investigado (e, por vezes, de seus familiares). A liberdade, redefinida a partir do neoliberalismo, limita-se à capacidade de produzir, celebrar

---

40    OPPENHEIM, 2010, p. 708.
41    *Ibid.*, p. 708.
42    PRADO JR., 1999.

negócios e consumir acriticamente. A sensação de liberdade, tipicamente neoliberal, acaba por ser manipulada para gerar uma espécie de autoexploração em razão de técnicas de psicopoder,[43] na qual o sujeito acredita ser livre enquanto suas energias são postas a serviço dos detentores do poder econômico. A cada dia, parece ser mais difícil concretizar o ideal de libertação, ou seja, o tornar-se livre das múltiplas coações com que a sociedade capitalista a todos constrange, com o objetivo principal de acumulação tendencialmente ilimitada de capital, a partir de um simulacro de liberdade, uma vez que o conceito acabou reduzido à livre exploração, manipulação e expropriação pela razão econômica.

Em uma visão sartriana, a partir da premissa de que a existência precede a essência (somos aquilo que nós fazemos na nossa vida), uma vez que não existe natureza, essência ou qualquer entidade metafísica que nos determine, somos livres e, portanto, os únicos responsáveis por nossas escolhas e ações. De fato, em uma situação específica, há a liberdade de fazer escolhas, tanto em relação aos meios como aos fins desejados. Mesmo diante de condicionantes históricos, culturais e econômicos, existe a liberdade de fazer escolhas, inclusive a escolha de lutar contra as estruturas que reduzem as opções a escolher. A liberdade é o que caracteriza a pessoa, que pode não só fazer projetos para o futuro como também escolher os meios de concretizá-los. A liberdade, por isso, costuma ser descrita como a possibilidade de fazer o que se deseja, de agir com autonomia. Somos responsáveis por exercer essa liberdade de escolha: condenados, pois, a sermos livres, por mais angústia e náusea que a liberdade possa causar; o indivíduo é "condenado porque não se criou

---

[43] HAN, 2020.

a si próprio; e, no entanto, livre, porque uma vez lançado ao mundo, é responsável por tudo quanto fizer".[44]

A "liberdade" pode se referir a ações (o que supõe a existência de livre-arbítrio) ou a características de pessoas. Em Karl Marx, por exemplo, a liberdade se torna "sinônimo de autorrealização",[45] ou seja, uma constante criação de condições objetivas que permitam despontar as aptidões, faculdades e sentidos dos seres humanos. Trata-se de um estado inerente ao ser, verdadeira condição ontológica, mas é também um deixar-ser, uma permissão à realização de todas as potencialidades da pessoa, inclusive o poder de ir e vir, sem que existam controles insuperáveis.

Na filosofia iluminista, a liberdade ocupa posição central. Não por acaso, nos novos movimentos autoritários há sempre algo de anti-iluminista. Se o valor "segurança" era evocado em nome de um sistema de governo fechado em favor da nobreza (o que significava a insegurança da maioria do povo), e as estruturas feudais impediam o desenvolvimento econômico da Europa antes da ascensão da burguesia à condição de classe dominante, com a vitória do ideário iluminista a "liberdade" passa a ser o valor a legitimar o Estado moderno. Antes da Revolução Francesa, Jean-Jacques Rousseau já anunciava que o ser humano nascia livre, mas estava em cadeias por toda parte: por essa razão, as grandes revoluções políticas dos séculos XVIII e XIX tinham como palavra-chave a liberdade. Charles-Louis de Montesquieu, por sua vez, distinguia entre uma liberdade, que é própria de cada ser humano – pelo simples fato de nascer com vida – e uma liberdade que precisa ser concedida a cada

---

44   SARTRE, 2014, p. 9.
45   OPPENHEIM, 2010, p. 711.

ser humano em sua relação com a sociedade (com os outros seres humanos). Essa relação que se constrói com outros seres humanos é a base, aliás, para a afirmação de limites à liberdade: a liberdade, conforme a fórmula kantiana, termina no exato ponto em que começa a liberdade do outro. Ainda em uma linha kantiana, Peter-Alexis Albrecht afirma que "a liberdade vive do respeito à dignidade dos outros".[46] Por outro lado, à medida que a dignidade se insere como fundamento da ordem jurídica,

> o respeito necessário e próprio do ser humano como um fim em si mesmo manifesta-se nos direitos elementares à livre autodeterminação. Todos os direitos humanos têm este objetivo de permitir a livre autodeterminação. São todos direitos de liberdade, que, pelo fato de serem concedidos igualmente a todos os seres humanos, são também direitos de igualdade.[47]

Na filosofia kantiana, em que o ser humano é posto como o centro de todos os sistemas e construções teóricas, a liberdade passa, ademais, a ser representada como o próprio fundamento da existência humana. Se o ser humano é um fim em si mesmo e nunca pode ser instrumentalizado, a liberdade é um valor/direito único que compete a todo ser humano pelo simples fato de sua humanidade. Por isso mesmo, no dizer de Immanuel Kant, "todos podem procurar a sua felicidade da maneira que lhe parece boa", desde

---

46   ALBRECHT, 2010, p. 154.
47   BIELEFELDT, 2008, p. 18.

que não interfiram na liberdade dos outros para perseguir um fim semelhante.[48]

Ao lado da igualdade e da fraternidade, a liberdade é uma das principais promessas da modernidade. Porém, no Estado Liberal, a liberdade encontra-se cada vez mais limitada pela capacidade econômica de cada pessoa. A pessoa é livre para fazer aquilo (e somente aquilo) que pode pagar. A liberdade apresenta-se nesse quadro como uma abstração, tão ao gosto do Direito liberal burguês. Ronald Dworkin, sobre a ideia de um direito abstrato à liberdade, anota que a liberdade reduzida a uma abstração, no mais das vezes, estaria em conflito com o direito à igual consideração e respeito, base de uma teoria deontológica dos direitos.[49]

Thomas Hobbes atribuía ao uso descontrolado da liberdade um quadro no qual a violência e o "direito do mais forte" passariam a determinar a vida em sociedade. A partir de Hobbes surge a concepção de liberdade atrelada ao contrato social. A teoria do Contrato Social (encampada por filósofos como Hobbes, Rousseau e John Locke), tomada como uma ficção típica do liberalismo, consistia em uma construção mental, um mito que procurava explicar e regular a liberdade, ao mesmo tempo em que pretendia superar o "estado de natureza", no qual o homem era retratado como o lobo do homem (*homo homini lupus*). Grosso modo, pode-se afirmar que no contrato social ocorre uma renúncia aos meios de violência disponíveis para o indivíduo e sua transferência para um terceiro (impessoal), o Estado (que passa a deter o monopólio do uso legítimo da violência, reservando aos indivíduos o uso da força somente em situações

---

48   KANT, 1793.
49   DWORKIN, 1999, p. 380 e seguintes.

excepcionais e justificantes, tais como nas hipóteses de legítima defesa). Na esteira de Cesare Beccaria, o monopólio da violência nasce justamente da cessão que cada pessoa faz ao Estado de parcela de sua liberdade.[50] Se essa concepção justifica, por um lado, o poder de punir, o poder de intervenção sobre a liberdade, à medida que seus atos adentrem ao espaço que originariamente fora cedido ao Estado, por outro, o restringe, quando não admite sua execução além dos limites cedidos.

No Estado Democrático de Direito, tipo ideal que se caracteriza pela existência de limites rígidos ao exercício do poder (de qualquer poder), pode-se afirmar uma simbiose entre liberdade e legalidade, ou seja, se a liberdade é uma condição que preexiste ao próprio Estado, a legalidade assegura-lhe o exercício mais pleno de todos os seus corolários. A legalidade permite, ainda que com falhas, algo próximo de uma "certeza do direito" sem a qual praticamente não pode existir liberdade política. Certeza do direito é, portanto, a "certeza dos limites dentro dos quais se estende a liberdade de cada um e, mais ainda, de quando começa a liberdade do outro".[51]

Nesse ponto, pode-se perfeitamente conceber a liberdade como um direito subjetivo inerente à pessoa humana. Mesmo no curso de um processo criminal, em que se atribui ao réu um crime gravíssimo, a liberdade desse indivíduo continua a ser a regra e, se o imputado for preso em flagrante, o direito subjetivo à liberdade deverá ser reconhecido, desde que a prisão não se apresente como, além de legal, proporcional (e, em especial, necessária).

---

50    BECCARIA, 1764, capítulo II.
51    CALAMANDREI, 2016, p. 32.

Sobre o tema "liberdade", não se pode omitir a querela entre a "liberdade dos antigos", concebida como participação ativa no poder (liberdade-participação) e a "liberdade dos modernos", típica do Estado de Direito liberal, entendida com o a "liberdade-defesa perante o poder".[52] Com Norberto Bobbio, distingue-se a "liberdade positiva" (que na teoria política clássica corresponde à liberdade da coletividade) da "liberdade negativa" (a liberdade do indivíduo). Por "liberdade positiva" entende-se a "autodeterminação jurídica da própria vida civil",[53] isto é, "a situação na qual um sujeito tem a possibilidade de orientar o seu próprio querer no sentido de uma finalidade, de tomar decisões, sem ser determinado pelo querer dos outros",[54] enquanto a "liberdade negativa" corresponde à "situação na qual um sujeito tem a possibilidade de agir sem ser impedido, ou de não agir sem ser obrigado, por outros sujeitos.[55]

Ferrajoli ainda distingue entre as "liberdades frente a", que são direitos individuais primários consistentes apenas em expectativas de "não lesão" (expectativas negativas ou imunidades), e as "liberdades de", que são igualmente direitos individuais primários, mas que incorporam faculdades de simples comportamentos, tais como a liberdade de expressão, de imprensa, de reunião etc.[56] Percebe-se, pois, que as "liberdades de" são direitos ativos cujo exercício pode interferir na liberdade de outros[57] e, em termos kantianos, permitem dizer que a liberdade de um sujeito

---

52  CANOTILHO, 2003, p. 226; CANOTILHO, 2004, p. 8.
53  FERRAJOLI, 2011, p. 713.
54  BOBBIO, 1996, p. 51.
55  *Ibid.*, p. 48.
56  FERRAJOLI, 2011, pp. 702-703.
57  *Ibid.*, p. 715.

termina quando começa a liberdade dos demais. Ainda com Ferrajoli, pode-se afirmar que "as *liberdades frente a* são liberdades suscetíveis de serem lesionadas pelo exercício não somente dos poderes público e privado, como também das *liberdades de*".[58] Enquanto as "liberdades frente a" não admitem limites deônticos (consistentes em proibições voltadas aos seus titulares), as "liberdades de", por outro lado, não admitem limites físicos (constrições).

Hoje, vivencia-se, de um lado, um contexto de ausência de limites, uma cultura que promove a perversão a partir da crença, propiciada pelos avanços tecnológicos e científicos, de que é possível se alcançar aquilo que sempre se apresentou como impossível. Nesse quadro que se revela insustentável, uma vez que não é possível satisfazer todas as vontades de todos, há uma tendência "ao retorno do cajado, um retorno da autoridade, na maioria das vezes sob uma forma despótica".[59] Como percebe Charles Melman, há "uma aspiração coletiva ao estabelecimento de uma autoridade que aliviaria da angústia, que viria enfim dizer o que se deve e o que não se deve fazer, o que é bom e o que não é".[60] O autoritarismo funciona, então, como "mecanismo de fuga da liberdade", como explica Erich Fromm, uma tendência a renunciar à independência do ser e fundir-se com qualquer um ou qualquer coisa de fora para adquirir a força que lhe falta.[61] De outro, uma quadra histórica propícia ao surgimento do sujeito totalitário, que produz ações livres de qualquer forma de resistência (a lei deixa de ser vista como um limite às ações públicas e privadas; os direitos

---

58    *Ibid.*, p. 716.
59    MELMAN, 2008, p. 38.
60    *Ibid.*, p. 38.
61    FROMM, 1994, p. 123.

fundamentais passam a ser apontados como óbices à eficiência do Estado e à reprodução do capital), aliviado do mal-estar gerado pela incerteza (inerente ao fato de pensar) e de sustentar seu desejo no que tem de singular,[62] e que vai se tornar o operador perfeito de práticas autoritárias. Dá-se tanto o esgarçamento dos laços sociais quanto a perda da condição de sujeito. Aliás, pode-se falar que há em diversos atores jurídicos um pouco de Eichmann: são a-sujeitos, uma vez que se omitem de julgar/pensar, condicionados a reproduzir "cientificamente" suas crenças (dentre as quais se destaca a fé na "prisão") sem disso ter consciência.

À medida que o sujeito se situe como simples objeto das ações do Estado, e que seus direitos fundamentais passam a ser vistos como obstáculos à eficácia estatal, é salutar reconstruir uma noção social de liberdade. A liberdade deve, então, estar vinculada a uma vida de relação, na qual todas as pessoas sejam tratadas de igual modo, com as mesmas possibilidades de usufruir e desfrutar dos elementos que foram construídos pelo empenho dos mesmos sujeitos. Se a liberdade não é um componente isolado, como se fosse um material cósmico, mas o resultado de uma constante interação, não pode servir de pretexto para sua própria destruição. Pode-se dizer, assim, que a liberdade, como resultante de relações intersubjetivas, é uma condição de possibilidade da própria existência. Se a liberdade é uma condição de possibilidade da existência, constitui ela o núcleo de todos os direitos fundamentais da pessoa humana, expressos como seus direitos subjetivos.

Para os objetivos aqui traçados, porém, o que interessa é a liberdade da pessoa humana, entendida como "liberdade

---

62   LEBRUN, 2004, p. 73.

de deslocação física"⁶³ para além do espaço de uma cela. Trata-se de um direito fundamental a abranger "(do ponto de vista positivo) o direito de se dirigir a qualquer lugar, longínquo ou próximo, e (do ponto de vista negativo) de evitar qualquer lugar".⁶⁴ Como expõe Julio Maier, só se pode falar com seriedade de liberdade de locomoção (de deslocação física, de permanecer ou se deslocar para qualquer lugar), se existirem garantias jurídico-políticas para não ser privado, fora das hipóteses legais, "dessa liberdade pelo exercício da força pública, se se pressupõe, então, que a organização social se rege pelas regras básicas de um Estado de Direito".⁶⁵

A lei é uma das fontes de ingerência na liberdade das pessoas. Aliás, o princípio da legalidade pauta a ameaça estatal à liberdade. O indivíduo é livre para fazer tudo aquilo que a lei não veda; o Estado, por sua vez, só pode(ria) agir (e limitar a liberdade de pessoas) nas hipóteses em que a lei autorize. Por outro lado, há uma rede legal de proteção da liberdade, que parte da Constituição Federal e engloba a legislação infraconstitucional, que prevê remédios à ameaça ou violação da liberdade individual, fixa exigências formais e procedimentais necessárias às ingerências na liberdade das pessoas, bem como as formas, pressupostos e limites em que se admite a privação da liberdade.

Costuma-se apontar o artigo 4º da Declaração dos Direitos do Homem e do Cidadão, marco do ideário liberal-burguês, de 1789 ("A liberdade consiste em poder fazer tudo o que não prejudica o outro"), como o diploma mais antigo e importante a reconhecer o direito de liberdade.

---

63   PIEROTH; SCHLINK, 2012, p. 197.
64   *Ibid.*, p. 197.
65   MAIER, 2011, p. 378.

De fato, esse preceito consagra no plano dos diplomas de direitos humanos a ideia gerada pelos primeiros autores do liberalismo clássico.

No Brasil, o direito à liberdade (na realidade, a Constituição Federal assegura diversos direitos de liberdade, tais como o de pensamento, consciência, crença, atividade intelectual, artística etc.) está no rol dos direitos fundamentais. Da dicção do artigo 5º, *caput*, da Constituição Federal é possível perceber a relevância do direito à liberdade no sistema legal brasileiro. Nos termos do artigo 5º, inciso II, da Constituição Federal, "ninguém será obrigado a fazer ou deixar de fazer alguma coisa senão em virtude da lei", sendo certo que "conceder-se-á *habeas corpus* sempre que alguém sofrer ou se achar ameaçado de sofrer violência ou coação em sua liberdade de locomoção, por ilegalidade ou abuso de poder" (art. 5º, inciso LXVIII, da Constituição Federal). Não por acaso, costuma-se defender que a Constituição Federal é "também e em primeira linha uma constituição da liberdade".[66]

É possível salientar que o atual texto constitucional seguiu a tradição do constitucionalismo brasileiro para "afirmar a existência não apenas de um elenco de direitos de liberdade específicos (ou direitos especiais de liberdade), como é o caso das liberdades de expressão, liberdades de reunião e manifestação, entre outros, mas também de um direito geral de liberdade".[67] Esse direito à liberdade geral de ação (*Allgemeine Handlungsfreiheit*), que, na Alemanha, a Corte Constitucional reconheceu a partir do caso *Elfes* (BVerfGE 6, 32, em 16 de janeiro de 1957), liga-se à ideia de dignidade da pessoa humana, de tal modo que a autonomia,

---

66 SARLET, 2012, p. 429.
67 *Ibid.*, p. 429.

como diz Luís Roberto Barroso, constituiria o elemento ético da dignidade,[68] que assegura o direito ao livre desenvolvimento da personalidade.

O respeito à liberdade é um sintoma de uma concepção democrática de Estado. Assim, por exemplo, Vincenzo Manzini, principal responsável pela elaboração do Código Rocco italiano de 1930 (fonte de inspiração declarada do Código de Processo Penal brasileiro de 1941) e afeito a uma concepção autoritária de processo penal, elencava o interesse relativo à liberdade individual como secundário e afirmava categoricamente que as normas processuais penais tutelam principalmente o interesse social relativo à repressão da delinquência. Esse mesmo autor, ideologicamente ligado ao movimento fascista italiano, entendia como paradoxal e irracional a ideia de "presunção de inocência",[69] pois "não estar certo da culpabilidade de pessoa indiciada significa necessariamente duvidar de sua inocência".[70]

No Brasil, a Constituição Federal reconhece o direito à liberdade, para permitir que as pessoas escolham livremente o que fazer e atuem de acordo com essa vontade, tudo isso sem que seu comportamento lícito sofra obstáculos ou interferências de terceiros, em especial do Poder Público: têm-se, então, o reconhecimento normativo de um âmbito de autodeterminação e auto-organização.[71] Não obstante o reconhecimento constitucional do direito à liberdade, o Estado, a partir da crença de que o sistema penal é capaz de proteger bens jurídicos (função de prevenção atribuída à pena), justifica o exercício do poder de punir e, para tanto, através

---

68  BARROSO, 2012, p. 308.
69  MANZINI, 1951, p. 251.
70  *Ibid.*, p. 253.
71  SUÁREZ SANCHES, 1998.

de seus agentes, o poder de "afetar direitos fundamentais de pessoas a quem se atribui a prática de crimes, especialmente o de liberdade, para facilitar a realização do juízo e a execução da pena",[72] bem como concretizar a resposta estatal (pena) imposta àqueles definitivamente condenados (condenação com trânsito em julgado). Sob essa perspectiva, pode-se ver como por meio de uma crença, nada mais do que uma crença – porque não há demonstração empírica de que o direito de punir proteja bens jurídicos –, o Estado passa a justificar em si mesmo um poder de intervenção sobre a liberdade dos indivíduos.

A prisão aparece, então, como forma de limitação física especialmente intensa à liberdade da pessoa. A prisão, aqui entendida como privação da liberdade, significa "a anulação da liberdade de deslocação física em qualquer direção, o permanecer (por ordem e/ou execução) num local estritamente circunscrito".[73] Trata-se, ao menos nas democracias e em ordenamentos jurídicos que buscam fundamentação na dignidade da pessoa humana (no caso do Brasil, art. 1º, inciso III, da Constituição Federal), de medida excepcionalíssima e que sempre exige controle rígido (tanto nas audiências de custódia, que controlam a legitimidade e a necessidade das prisões em flagrante e das prisões cautelares – prisões que visam assegurar a eficácia prática do processo e da futura execução penal –, quanto pelos magistrados que conhecem as causas penais ou que executam as penas impostas).

Para evitar intromissões desnecessárias no âmbito de atuação dos indivíduos, existem algumas exigências constitucionais e legais que corporificam verdadeiros direitos

---

72  *Ibid.*, p. 106.
73  PIEROTH; SCHLINK, 2012, p. 199.

subjetivos dos imputados. Assim, para citar apenas alguns exemplos, à restrição da liberdade impõe-se:

a) a legalidade da causa de encarceramento: "a concepção da liberdade como direito subjetivo que corresponde a todos e de que o indivíduo só pode ser afastado em casos excepcionais, previamente determinados por lei, é uma noção contemporânea, que aparece com o nascimento do Estado Liberal".[74] De fato, em razão do princípio da legalidade, a privação de liberdade só é legítima em casos previamente determinados (princípio da legalidade estrita). Pode-se afirmar que o princípio da legalidade enuncia que "só cabe a privação de liberdade quando a conduta da pessoa em questão está previamente descrita em lei como causa de detenção, está prevista como pena",[75] e que "a privação de liberdade só é constitucionalmente admissível se o procedimento estabelecido é levado a cabo";[76]
b) a legalidade do órgão encarregado de determinar a privação da liberdade: a necessidade de que os atingidos por atos estatais conheçam as "regras do jogo" impõe que se saiba de antemão a qual órgão se confere o poder de determinar prisões. Note-se, por oportuno, que esse poder de decidir, se estão presentes os pressupostos e requisitos previamente fixados a autorizar a privação de liberdade, deve caber exclusivamente ao Poder Judiciário, salvo casos excepcionais, como os de flagrância

---

74  SUÁREZ SÁNCHES, 1998, p. 107.
75  *Ibid.*, p. 107.
76  *Ibid.*, p. 108.

(cujo primeiro controle de legalidade é exercido pela autoridade policial);
c) a existência de limites temporais à privação cautelar da liberdade: se a liberdade é a regra, a sua privação deve se dar sempre em caráter excepcional e pelo menor tempo necessário. A prisão por tempo excessivo caracteriza constrangimento ilegal e deve ser imediatamente relaxada, com o restabelecimento da liberdade.

A primazia da liberdade, consequência necessária do projeto constitucional de vida digna para todos encartado na Constituição de 1988, impõe uma série de consequências práticas na relação entre o valor liberdade e o dispositivo prisão, nem sempre reconhecidas ou observadas pela jurisprudência brasileira, em especial em uma quadra histórica marcada pelo populismo penal e pela criação *ad hoc* de decisões judiciais. Assim, a prisão no curso de um processo só pode ser decretada mediante provocação da parte: se a regra é a liberdade, não cabe ao Poder Judiciário romper a inércia, que se liga à garantia da imparcialidade judicial, para decretar a prisão de uma pessoa sem que a parte interessada tenha formulado pedido nesse sentido; a regra é a liberdade e o reconhecimento da exceção deve passar por um filtro ligado aos interesses dos sujeitos processuais. De igual sorte, a existência de dúvida sobre a legalidade ou a necessidade da prisão deve sempre levar a uma decisão favorável à liberdade: o juiz só pode decretar uma prisão se estiver convicto da presença dos requisitos da prisão cautelar e conseguir fundamentar adequadamente esse juízo de modo a permitir que qualquer pessoa do povo entenda que a prisão decretada é legal e necessária.

Também se mostram incompatíveis com a regra da liberdade as chamadas prisões por ação estratégica, nas quais a prisão é decretada a partir de cálculos de interesse, em violação ou relativização dos requisitos legais, com o objetivo de conseguir uma vantagem processual, política ou as duas ao mesmo tempo (como ocorreu no conjunto de procedimentos e processos que recebeu a marca "Lava Jato", uma espécie de autorização judicial-midiática para uma espécie de "vale tudo" contra determinados réus). Também não se mostram adequadas ao ordenamento jurídico brasileiro a prisão de curso forçado (a prisão necessária, sem a presença do fator "necessidade", que já existiu no ordenamento brasileiro), a prisão provisória como antecipação de pena (que viola a regra de tratamento que se extrai do princípio constitucional da presunção de inocência) e a prisão como mecanismo de constrangimento com o objetivo de obter confissões (como se dava durante a hegemonia do "estilo inquisitivo") ou delações/colaborações premiadas (o que ocorreu, recentemente, no ambiente *lavajatista*, no qual a decretação de prisões fora das hipóteses legais era combinada com a agilização seletiva dos casos penais).

De igual sorte, não se pode ignorar a relação entre o reconhecimento da primazia do direito à liberdade e o que isso significa diante do fenômeno da fuga de um preso. Há algum ilícito penal ou mesmo administrativo que possa ser punido? É preciso, antes de mais nada, reconhecer como correta a premissa de Amartya Sen, de que a própria noção de direitos humanos e o seu significado normativo estão condicionados à defesa da liberdade.[77] Não só da liberdade, vale acrescentar, mas inegavelmente com destaque para o direito à liberdade, condição de possibilidade para a plenitude da vida humana. Isso significa reconhecer que os

---

77  SEN, 2020, p. 14.

direitos humanos não são meros efeitos linguísticos que interferem apenas no registro simbólico, mas dão origem à atuação concreta na promoção ou proteção das liberdades que funcionam como fundamento e condição para todos os procedimentos estatais. Assim, uma teoria adequada dos direitos humanos reconhece a necessidade da imposição de deveres ao Estado que possam ser traduzidos, essencialmente, na proteção da pessoa e de suas potencialidades. Um desses deveres é o de respeitar o que há de inegociável no direito à liberdade. Mesmo a prisão, uma grave intromissão estatal na liberdade do indivíduo, não exclui ou elimina por completo o direito à liberdade do preso e às pretensões que lhe são inerentes, dentre as quais a de fugir e, assim, restabelecer a parcela da liberdade que lhe foi subtraída por ato do Estado. Pode-se, portanto, falar em um verdadeiro direito à fuga, um direito humano que deriva da primazia da liberdade sobre os deveres estatais. Esse direito nasce em uma espécie de zona neutra em que o direito à liberdade se relaciona com o dever do Estado de manter prisões em atenção ao princípio da legalidade estrita.

A prisão é um ato de poder, mas, ao menos nas democracias constitucionais, só pode ser exercido em atenção ao princípio da legalidade. Sem o respeito à legalidade, resta o arbítrio. Há, assim, um dever legal em jogo: o dever dos agentes públicos que têm a atribuição de manter uma pessoa presa. Mas não há um dever do preso de permanecer inerte diante de uma grave restrição de sua liberdade. Vale lembrar que a pretensão de ser plenamente livre, por si só, não é algo negativo ou inadequado. Ao contrário, a busca da liberdade é inerente à condição humana. A fuga, do ponto de vista da Administração Pública, pode configurar uma violação da legalidade, mais precisamente a violação do dever dos agentes públicos responsáveis pela custódia do preso (portanto, um ilícito administrativo). Em relação ao individuo, não existe qualquer dever de se submeter à prisão (algo semelhante, que diz respeito a uma espécie de zona neutra nascida do embate entre valores tendencialmente antagônicos, mas igualmente reconhecidos como legítimos pelo ordenamento, ocorre na hipótese da tentativa de suicídio, que também não pode ser punida). Assim, como não existe um "direito" de punir estatal correlato ao "dever" do indivíduo de ser e se manter na condição de preso, mas o exercício de um ato de poder do Estado em atenção ao princípio da legalidade, e certo que o confronto entre interesses e pretensões igualmente legítimos deve ser solucionado em favor da hipótese mais favorável à liberdade, o ato de fugir deve ser reconhecido como o exercício do direito que é consequência necessária do tratamento constitucional e convencional dado ao direito à liberdade. Não há, portanto, como reconhecer qualquer ilícito (penal ou administrativo) de uma conduta que não passa do exercício de um direito. Sob essa perspectiva, o direito de fuga, mesmo que a constituição ou a lei não o contemplem expressamente, pode ser considerado como um direito implícito da ordem jurídica democrática, alicerçado no postulado fundamental da (auto)defesa da liberdade, como direito subjetivo primário da pessoa humana.

Em resumo, a prisão pode ser apresentada como a ingerência estatal, através do uso da força, na liberdade de ir e vir de pessoas físicas. A Constituição Federal estabelece que "ninguém será preso senão em flagrante delito ou por ordem escrita e fundamentada de autoridade judiciária competente, salvo nos casos de transgressão militar ou crime propriamente militar, definidos em lei" (art. 5º, inciso LXI, da Constituição Federal) e que "a prisão ilegal será imediatamente relaxada pela autoridade judiciária" (art. 5º, inciso LXV, da Constituição Federal). Infelizmente, há uma imensa distância entre a normatividade constitucional e a realidade sensível, marcada por prisões ilegais e desnecessárias que fazem do Brasil um dos países com o maior índice de encarceramento do mundo. Nesse contexto, é relevante salientar, na linha defendida por Andreas Funke, que o direito subjetivo à liberdade, como expressão dos direitos humanos, não constitui apenas uma faculdade do indivíduo, mas prioritariamente um bem jurídico que deve ser protegido pelo próprio Estado.[78] O Estado, portanto, ao contrário do que se postula em termos de segurança pública, antes de restringir a liberdade, deve valer-se de todos os meios para protegê-la.

Dentro dessa lógica de que a liberdade deve ser protegida pelo Estado, os ordenamentos democráticos costumam criar mecanismos para evitar prisões ilegais ou desnecessárias. Pode-se, portanto, falar em um sistema de defesa da liberdade, que conta com uma fase administrativa, no ambiente policial, e uma fase jurisdicional, que vai do juiz de primeiro grau até o Supremo Tribunal Federal. O primeiro responsável estatal pela defesa da liberdade individual é (ou deveria ser) o agente que dispõe do poder de polícia e que, como todo funcionário público, está submetido ao princípio da legalidade. O primeiro controle sobre a legalidade do ato é sempre do funcionário público responsável por sua execução. O exercício do autocontrole policial, a autoanálise da legalidade de seus atos, deveria levar os agentes policiais a evitar medidas ilegais de restrição da liberdade. Algo parecido acontece com os demais cidadãos, que podem efetuar a prisão-captura (primeiro momento da prisão em flagrante,

---

78 FUNKE, 2021, p. 183.

na qual o imputado – a pessoa apontada como a autora de um delito – é levado até a autoridade policial) de quem é percebido como violador da norma penal em situação de flagrância: a consciência democrática deveria indicar as hipóteses em que uma pessoa pode legitimamente prender a outra. Infelizmente a tradição autoritária e a ignorância em que estão lançados os agentes estatais e os cidadãos fazem com que essa camada de defesa da liberdade acabe fragilizada. Fala-se, então, de uma consciência democrática de baixa intensidade no momento da prisão-captura de uma pessoa apontada como autora de um delito. Por isso, assume relevância o papel do delegado de polícia (ou delegado federal), como fiscal e garantidor da liberdade na fase administrativa do sistema voltado à garantia da liberdade. Embora muitos delegados de polícia (e delegados federais) não tenham consciência da dimensão de garantia dos seus cargos, a única razão da legislação exigir que o ocupante dessas funções seja bacharel em direito (o que, ao longo da história, não era exigido dos agentes policiais) é o de assegurar o respeito à legalidade da ação policial, sobretudo o direito à liberdade dos cidadãos no curso das ações e investigações policiais. Para ser um mero homologador de prisões em flagrante e de outros atos sensíveis à liberdade individual praticados em nome do poder de polícia, não haveria necessidade de um agente público conhecedor das regras e princípios constitucionais, penais e processuais penais. Nas hipóteses de atipicidade da conduta, da ausência de indícios de autoria e de ilegalidade da prisão-captura, o delegado de polícia deverá, de forma fundamentada, deixar de lavrar o auto de prisão em flagrante (APF) ou, estando o procedimento policial em curso, poderá encerrá-lo. Também cabe ao delegado de polícia, em alguns casos previstos na legislação, após a lavratura do APF, fixar uma fiança (um valor que funciona como contracautela, que substitui a prisão, na tentativa de garantir a eficácia da persecução penal) que, uma vez paga, será suficiente para o restabelecimento da liberdade do indivíduo preso.

Inegável que é a autoridade policial que deve fazer o primeiro juízo fundamentado e conglobante que envolve a legalidade, a materialidade, os indícios de autoria, a tipicidade, a ilicitude e a culpabilidade que envolvem um determinado fato de aparente relevância penal e a pessoa apontada como responsável por ele. Há quem sustente, em meio a forte controvérsia doutrinária e jurisprudencial, que a autoridade policial também poderia, em nome da primazia do direito à liberdade, reconhecer ainda na esfera administrativa a existência de causas de exclusão da ilicitude e da culpabilidade, restabelecendo a liberdade dos imputados, desde que em decisão fundamentada, que seria posteriormente objeto de controle pelo Ministério Público.

Se a situação-prisão persistir após o controle de legalidade exercido pela autoridade policial, abre-se a oportunidade do funcionamento do sistema judicial de defesa de liberdade. Cabe à Agência Judicial relaxar as prisões ilegais, pondo fim ao constrangimento ilegal e ao arbítrio, e revogar as prisões desproporcionais, com destaque para o restabelecimento da liberdade diante de uma prisão desnecessária. O controle judicial sobre a legalidade e a proporcionalidade da prisão cautelar deve se dar até o trânsito em julgado de uma sentença condenatória (ou seja, até que não caiba mais nenhum recurso). A partir do trânsito em julgado, a hipótese passa a ser de controle da legalidade da execução da pena privativa de liberdade. Vale lembrar, ainda, que uma prisão cautelar (antes da condenação definitiva) pode iniciar-se de acordo com a legalidade e tornar-se ilegal com o transcurso do tempo: a duração irrazoável da prisão (excesso de prazo da prisão cautelar) gera constrangimento e deve ser imediatamente relaxada, o que significa que a pessoa presa deve ser posta, sem demora, em liberdade.

A questão do tempo relaciona-se diretamente também com a necessidade da custódia cautelar, isso porque as medidas cautelares, em razão de sua natureza assecuratória, exigem um juízo de urgência. Assim, uma prisão decretada para garantir a instrução criminal deve ser revogada ao término da instrução, isso se não surgir outro motivo constitucionalmente adequado à manutenção da custódia cautelar (o surgimento, por exemplo, de novos dados concretos que indiquem que a liberdade do imputado colocaria diretamente em risco a aplicação da lei penal). De igual sorte, o pedido de prisão preventiva relacionado a fato que não seja recente deve ser indeferido em razão da ausência de contemporaneidade: a tutela cautelar exige urgência, o que não ocorre em processos relacionados com fatos antigos, sem que exista uma postura recente do imputado (por exemplo, uma ameaça às testemunhas) a justificar a prisão. O motivo da prisão deve ser contemporâneo à decisão que decreta a prisão cautelar.

A relação entre a prisão cautelar e o tempo (a restrição da liberdade, vale lembrar, é a supressão irrecuperável de tempo da vida) é tão importante que o legislador brasileiro estabeleceu o dever do juiz de reavaliar a necessidade de sua manutenção a cada noventa dias, mediante decisão fundamentada, de ofício, sob pena de tornar a prisão ilegal (art. 316, parágrafo único). Surpreendentemente, e em violação ao princípio da legalidade estrita e à separação de poderes (uma vez que não existia qualquer inconstitucionalidade no dispositivo legal produzido pelo legislativo), o Supremo

Tribunal Federal, ao analisar as consequências do descumprimento do prazo nonagesimal, sob o pretexto de fazer uma interpretação "conforme a Constituição", fixou a tese de que a violação não geraria a ilegalidade automática da prisão, em que pese a redação legal expressamente atribuir a sanção de ilegalidade à omissão judicial. A decisão do Supremo Tribunal Federal, nesse caso, fez lembrar a advertência irônica encontrada em um bar no interior do país: "não pode, mas se quiser fazer não terás muitos problemas".

Esse controle judicial sobre a legalidade e a necessidade das prisões pode ser exercido mediante provocação ou não. Trata-se de um dever do juiz penal ligado a uma matéria de ordem pública (frise-se: uma ordem pública comprometida com a liberdade e não com a opressão). A provocação se dá tanto pela via de uma ação (o *habeas corpus*, ação constitucional destinada a garantir o respeito ao direito ambular (ir e vir), que, em princípio, pode ser impetrado por qualquer do povo sem a necessidade da presença ou da assinatura de um advogado ou defensor público) quanto por pedidos, promovidos por advogado ou defensor público, em meio a um processo (pedidos que, a depender do caso concreto, podem ser de relaxamento de prisão ilegal, de revogação da prisão, de liberdade provisória, de substituição da prisão preventiva por medida penal menos gravosa, de reconhecimento do direito ao livramento condicional de um condenado etc.).

Para que a Agência Judicial possa exercer o controle espontâneo ("de ofício") da legalidade ou proporcionalidade/necessidade da prisão, toda prisão deve ser imediatamente comunicada à Agência Judicial. Frise-se, ainda, que o Ministério Público, apesar de parte e protagonista na persecução penal, enquanto fiscal da legalidade democrática, também tem o dever de atuar no sentido de concretizar direitos fundamentais, em especial o direito à liberdade sempre que a restrição da liberdade se mostrar ilegal ou desproporcional/desnecessária.

O controle judicial em favor da liberdade é escalonado: começa pelo juiz a que foi comunicada a prisão (art. 5º, inciso LXII, da Constituição Federal). No desenho normativo brasileiro, assumem relevo as funções do juiz de garantia e o controle exercido na audiência de custódia. O legislador brasileiro, em 2019, a partir da colaboração de processualistas penais brasileiros, procurou romper com a regra do juiz único, responsável por garantir a liberdade do indivíduo submetido à persecução penal do Estado desde a fase de investigação preliminar (em regra, investigação policial) até a sentença. Pretendia-se, assim, não só a criação de uma nova camada de controle (dois juízes diversos, com competência sucessiva, para verificar a legalidade e a necessidade da custódia), como também afastar o juiz que irá analisar o mérito da pretensão punitiva estatal de grande parte do conteúdo produzido na fase de investigação preliminar (que deveria ser analisado por outro juiz). Em sua pureza teórica, dar-se-ia uma verdadeira ruptura com a tradição inquisitorial brasileira, aumentando a densidade do princípio da imparcialidade, ao evitar que elementos produzidos ao arrepio da ampla defesa, do contraditório, da oralidade e do controle judicial acabassem por contaminar a desejada posição de "não saber" que deveria nortear a atividade jurisdicional de dizer o direito aplicado a um determinado fato apontado como penalmente relevante. Buscava-se, com a inovação legislativa (Lei 13.964/2019), evitar a formação de uma convicção judicial precipitada acerca dos fatos (um juízo *ex ante* formulado sem o respeito às garantias processuais), o que alguns teóricos chamavam de "um comprometimento decisório anterior" (por todos, António Henriques Gaspar).

Em linhas gerais, o juiz de garantias, figura processual pensada a partir das necessidades do sistema acusatório (vez que reforça a imparcialidade e a divisão de funções entre as agências estatais), poderia ser definido como o agente judicial responsável pelas decisões que não se relacionam com o material probatório direcionado à formação da decisão justa de um caso penal, tornando-se, assim, o responsável por assegurar a imparcialidade objetiva que integra a noção de processo judicial equitativo (aliás, como reconhecido no art. 6º, da CEDH). A ele cabe a função de exercer o controle da legalidade da persecução penal, com destaque para os deveres de:

a) salvaguardar a integridade física do imputado (é o primeiro juiz a quem o preso pode relatar ter sido vítima de abusos ou tortura e, por isso, é o agente do Poder Judiciário com atribuição para providenciar a realização de exame de corpo de delito ou o atendimento médico ao preso que afirmar ter sido vítima de ação abusiva do Estado);
b) garantir o respeito aos direitos fundamentais do preso, dentre os quais o direito à liberdade.

De acordo com a sistemática legal, a prisão deve ser imediatamente comunicada (art. 5º, LXII, da Constituição Federal) ao juiz de garantias que deverá:

a) relaxá-la nas hipóteses de ilegalidade;
b) homologar o auto de prisão em flagrante, mas deixar de converter a prisão em flagrante em preventiva, sempre que:
- a prisão em flagrante for ilegal, hipótese em que deve ser imediatamente relaxada;

- substituir a prisão por medida cautelar menos gravosa, desde que suficiente para afastar o risco gerado pela liberdade do imputado e exista um pedido nesse sentido;
- presentes os requisitos legais, reconhecer o direito do imputado à liberdade provisória mediante condições, com fiança (art. 310, III, CPP) ou sem (art. 310, SS 1º., e 321 do CPP); b4) reconhecer a ausência dos requisitos das prisões cautelares, oportunidade em que a liberdade plena do imputado deve ser restabelecida;

c) homologar o auto de prisão em flagrante e decretar a prisão preventiva, desde que preenchidos os requisitos legais (arts. 310 a 315 do CPP).

Todavia, após um movimento político que envolveu diversos agentes públicos, com destaque para a pressão exercida por juízes criminais que vislumbravam uma perda de poder, o Supremo Tribunal Federal, em exercício atípico de ativismo judicial e ao arrepio tanto de suas funções constitucionais quanto dos limites semânticos estabelecidos pelo legislador (em clara violação à separação de poderes, uma vez que alguns dispositivos alterados não eram – e nem foram – declarados inconstitucionais), evocando argumentos relacionados à estrutura e ao funcionamento das unidades judiciárias criminais, acabou por reduzir drasticamente o potencial transformador e democratizante do papel do juiz de garantias.

Ao contrário do que decidiu o Supremo Tribunal Federal, o juiz de garantias era uma figura construída em respeito às exigências do modelo acusatório e do princípio da democraticidade, ou seja, uma figura processual pensada para além de opções metodológicas, estruturas defasadas ou de organização judiciária. Mais do que isso, o juiz de garantias foi o resultado de uma opção política, fundada na melhor doutrina e nas melhores experiências jurisdicionais, ligada ao necessário controle do poder e à defesa da liberdade. Com a decisão do STF, na Ação Direta de Inconstitucionalidade nº 6298 – DF, em contrariedade ao que constava do texto de lei (porque a maioria dos ministros achou "melhor" fazer diferente – em um movimento que se parece com o da paranoia, no qual a lei simbólica, o limite externo ao exercício do poder, acaba substituído pela lei imaginária, ou seja, pela imagem que cada ministro tinha do que seria melhor ou mais adequado fazer com o instituto), em uma espécie de interpretação "conforme a imaginário do julgador", o juízo de admissibilidade da acusação (o recebimento da denúncia ou queixa com base em elementos produzidos sem o respeito ao contraditório e à ampla defesa) continuou a ser exercido pelo juiz que depois irá julgar a materialidade e a autoria do delito. Com isso, o princípio da imparcialidade perde densidade, uma vez que o juiz da causa volta a ser "contaminado" pela ciência que tem de elementos de convicção produzidos no ambiente e no estilo inquisitorial, sem o respeito ao contraditório e à ampla defesa, bem como sem o controle judicial de sua produção.

Também a fase da audiência de custódia foi uma inovação legislativa que se relaciona com o sistema de defesa das liberdades. A audiência de custódia é o ato processual que concretiza o direito de uma pessoa presa de ser levada diante do juiz para pleitear o que entender devido. É o *locus* do primeiro exercício da autodefesa, que integra o princípio constitucional da ampla defesa. É a primeira oportunidade de ter contato direto com um juiz e falar sobre a sua situação. Trata-se de um direito previsto tanto no Pacto Internacional de Direitos Civis e Políticos (PIDCP), que prevê o direito "de ser ouvido publicamente" (art. 14.1), bem como o direito da pessoa presa ou detida em virtude de uma infração penal ser "prontamente conduzida à presença de um juiz ou de outra autoridade habilitada" (art. 9.3), como na Convenção Americana de Direitos Humanos (CADH), que estabelece o direito de toda pessoa "ser ouvida, com as devidas garantias e dentro de prazo razoável, por um juiz ou tribunal" (art. 8.1) e o direito de "toda pessoa presa, detida ou retida deve ser conduzida, sem demora, à presença de um juiz" (art. 7.5). No CPP, essa audiência está prevista no artigo 287 do CPP. Como ensina Nereu Giacomolli,

> a funcionalidade da audiência de custódia não se restringe à verificação do estado físico ou psicológico do preso (foi agredido, ameaçado ou coagido, por exemplo), mas sobretudo assegurar-lhe o direito de audiência, de ser ouvido, bem como permitir ao juiz a verificação da legalidade da prisão, sua necessidade, a exigência de cautelaridade e seu grau de exigibilidade.[79]

Diante do caráter excepcional da prisão antes de uma condenação irrecorrível, a intenção do legislador (em parte, frustrada pela tradição autoritária em que estão lançados os juízes brasileiros) foi o de criar, no limiar do procedimento, mais um mecanismo de controle das prisões ilegais e desnecessárias, ocasião em que a liberdade do imputado, plena ou com condições, tenderia a ser restabelecida.

---

79   GIACOMOLLI, 2020, p. 59.

# 3

# BREVE INTRODUÇÃO AO FENÔMENO "PRISÃO"

A prisão é a manifestação mais grave de ingerência estatal na liberdade das pessoas. Por "prisão", para os fins deste pequeno livro, entende-se a privação da liberdade de ir e vir; a impossibilidade, por obra do Estado, do exercício da livre deslocação física. Esse fenômeno, porém, não pode deixar de ser compreendido à luz da dinâmica da reprodução social e de suas contradições. A prisão, como todo o instrumental do Estado, deve ser compreendida "como derivação da forma-mercadoria que se instaura no capitalismo",[80]

---

80 MASCARO, 2013, p. 13.

de modo a contribuir para a superação de uma visão metafísica, legitimadora e idealizada do cárcere.

Ainda hoje, porém, há quem vislumbre na prisão um remédio, que remonta ao direito canônico, para purificar o ser humano e fazer o condenado expiar seu crime.[81] Esse era, inclusive, o objetivo dos sistemas carcerários americanos, de Filadélfia e Auburn, que, de certo modo, influenciaram o isolamento como forma geral de execução das penas. Acreditava-se (ou se dizia acreditar) que, sob isolamento, a pessoa poderia refletir sobre sua conduta e, assim, arrepender-se de havê-la cometido. Na verdade, o isolamento e o silêncio sempre conduziram à deterioração da personalidade, e relatos históricos o comprovam. É significativa a referência feita por Hans von Hentig às impressões captadas por Charles Dickens em sua visita aos presídios americanos. O famoso escritor inglês bem retratou a capacidade do sistema de destruir qualquer elemento mínimo de humanidade que pudera restar em cada condenado. Referindo-se ao que constatara de uma entrevista com um dos internos, acentuou que era um marinheiro

> que cumpria ali uns onze anos e que seria colocado em liberdade em poucos meses. Onze anos de prisão celular. Fico contente que logo terminará o cumprimento da pena. O que diz disso? Nada. Por que olha fixamente suas mãos? Por que estica a pele dos dedos? Por que olha de quando em quando aquelas paredes pesadas que viram encanecer sua cabeça? Algumas vezes é sua maneira de ser. Nunca olha o rosto das pessoas e contorce constantemente as mãos como se quisesse separar a pele dos ossos. Às vezes se comporta

---

81  OLIVEIRA, 1984.

dessa forma. Também é sua maneira sossegada de ser, de dizer que não se alegra diante da liberdade próxima. Que tudo lhe é indiferente. Que se sente um homem desamparado, quebrado e inútil. E o céu é testemunha de que tem boas razões para esse estado desesperado de ânimo.[82]

Na nossa sociedade, a prisão acaba por ser apresentada como um instrumento voltado à defesa do valor "segurança" ("a liberdade como vítima da segurança"),[83] por mais que todas as pesquisas empíricas sérias sobre os efeitos do encarceramento revelem que a prisão não atende satisfatoriamente aos fins de prevenção de novos delitos e ressocialização dos encarcerados.[84] Afirma Maria Lúcia Karam que a

> limitação de espaço, a impossibilidade de ir a outros lugares, de buscar e estar com quem se deseja, o isolamento, a separação, a distância do meio familiar e social, a perda de contato com experiências normais da vida, essas restrições inerentes à privação de liberdade já são fontes de muita dor [...]. Às dores inerentes à privação de liberdade somam-se dores físicas provocadas pela falta de ar, de sol, de luz, pela promiscuidade dos alojamentos, pela precariedade das condições sanitárias, pela falta de higiene, pela alimentação muitas vezes deteriorada, o que resulta na propagação de doenças, especialmente doenças transmissíveis que atingem os presos em proporções muito superiores aos índices registrados nas populações em geral.[85]

---

82   VON HENTIG, 1968, p. 226.
83   ALBRECHT, 2010, p. 159.
84   *Ibid.*
85   KARAM, 2009, p. 16.

Tudo isso agravado pelo encarceramento ilegal ou desnecessário em massa de indivíduos indesejáveis aos olhos dos detentores do poder econômico e político, estratégia de contenção de parcela considerável da população, e pela cultura inquisitorial/autoritária dos atores jurídicos (que acreditam na prisão como resposta aos mais variados problemas sociais), incrementando o fenômeno da superpopulação carcerária.

No Brasil, poucas são as pesquisas sobre os efeitos concretos da prisão na prevenção de novos delitos. Em pesquisas empíricas desenvolvidas nos Estados Unidos e na Europa, analisadas por Albrecht, constatou-se:

a) que, das pesquisas que focaram no efeito "especial-preventivo" das sanções penais, ou seja, nos efeitos produzidos sobre aqueles que figuraram como réus e acabaram condenados, "é de supor, no melhor dos casos, um não efeito e, no pior dos casos, um efeito contraprodutivo";[86]

b) que, dos dados empíricos, também é permitido afirmar que a ameaça de uma pena (ou mesmo de figurar como réu em um processo penal) não produz o efeito de prevenção geral pretendido, pois o percebido risco de descobrimento, persecução e punição "pouco influencia a disposição para o comportamento delituoso";[87]

c) a inacessibilidade empírica da chamada "prevenção de integração", o aspecto positivo da "prevenção geral", ligada à confiança que se deposita na ordem jurídica, isto é, "uma função integradora e saneadora da sociedade,

---

86 ALBRECHT, 2010, p. 86.
87 *Ibid.*, p. 87.

que, na ausência de pena, altera sua orientação final e força um processo de desorganização social".[88]

Nesse caso, como ensina Albrecht,

> situações de risco socioestruturais, que devem ser protegidas e caracterizadas por meio do Direito Penal simbólico, podem contar, também, em correspondência, somente com uma imposição e realização simbólica. O empirismo científico-social é, com isto, mesmo contraprodutivo, porque revelaria a inutilidade da aplicação simbólica do Direito Penal.[89]

Pode-se distinguir entre prisão-pena (prisão-punição; prisão penal) e prisão provisória, gênero do qual são espécies a prisão cautelar (prisão processual) e a prisão em flagrante (prisão pré-cautelar, de natureza administrativa). A prisão-pena é a resposta estatal mais gravosa às condutas etiquetadas de criminosas (vale sempre, e sempre, lembrar que a criminalização de uma conduta é em todos os casos uma opção legislativa); a prisão cautelar, por sua vez, é uma medida provisória e excepcional de natureza asseguratória tanto do processo de conhecimento penal (do processo que visa à reconstrução histórica dos fatos atribuídos aos acusados e, se for o caso, à imposição da pena adequada aos culpados) quanto da execução penal (o procedimento tendente à concretização da pena já aplicada em atenção ao devido processo legal em um processo de conhecimento no qual não caiba mais recurso). Por fim, a prisão em flagrante

---

88   Ibid., p. 71.
89   Ibid., p. 91.

aparece no sistema processual penal brasileiro como uma medida emergencial, precária, de natureza pré-cautelar: trata-se de medida administrativa, mas com objetivos criminais, concretizada por agentes estatais ou por qualquer do povo (art. 301 do CPP), que tem por objetivo fazer cessar uma violação a um bem jurídico, evitar ou diminuir os danos provocados por uma conduta criminosa e/ou colocar o imputado (preso em flagrante) à disposição da Agência Judicial para que, se for o caso, se dê a conversão da prisão em flagrante em prisão cautelar. Registre-se, ainda, que a prisão em flagrante, ato complexo que se divide em prisão-detenção (ato material de constranger a liberdade pessoal do imputado) e lavratura do Auto de Prisão em Flagrante (formalização do ato administrativo de prisão), deve ser imediatamente comunicada à Agência Judicial (a jurisprudência tem tolerado que a comunicação se dê em até 24 horas da prisão-detenção). A prisão em flagrante é, portanto, um ato não-jurisdicional que visa a preservar um contexto ou evitar a continuação de uma lesão, em que o Poder Executivo afirma e aposta na "proximidade" ou na "certeza visual" de um delito e de sua autoria para restringir a liberdade de uma pessoa, até que o Poder Judiciário possa se manifestar sobre a necessidade ou não de um provimento cautelar (alguns vislumbram na "prisão em flagrante" uma forma de autodefesa social).

Tanto a prisão-pena quanto a prisão provisória têm (ou deveriam ter) uma característica em comum no Estado Democrático de Direito: a excepcionalidade. A pena privativa de liberdade só pode ser imposta diante da impossibilidade de aplicação de respostas penais alternativas à prisão e menos gravosas para o condenado (tais como a suspensão condicional da pena, a prestação de serviços à comunidade, o pagamento de multa etc.). De igual sorte, a medida cautelar de privação da liberdade só se justifica se imprescindível para o afastamento do risco processual previsto em lei como apto a justificar a constrição excepcional (só é cabível a prisão cautelar se todas as demais medidas cautelares típicas, ou seja, previstas na legislação, se mostrarem insuficientes diante do objetivo de evitar a permanência do risco indesejado pelo ordenamento jurídico).

Costuma-se afirmar que o nascimento da prisão-pena, forma essencialmente burguesa de punir quem viola a lei penal, deu-se no movimento de passagem ao capitalismo e, desde o século XIX, vem a constituir "em todo o mundo a coluna vertebral do sistema de penas".[90] A prisão, como pena, no entanto, já se desenvolve bem antes do chamado capitalismo industrial. Eugenio Raúl Zaffaroni bem ressalta que a exploração capitalista e sua ideologia é, antes de tudo, uma consequência do próprio processo colonizador, que tem lugar com as grandes navegações e, assim, com a apropriação da riqueza dos povos conquistados, bem como com a exportação às colônias do próprio poder punitivo.[91] Georg Rusche e Otto Kirchheimer, em obra na qual revelam a relação necessária entre "punição" e "estrutura social", aduzem que a prisão-pena começa a ganhar importância no período mercantilista, portanto, no processo de colonização, momento histórico em que se verificam diversas mudanças na forma das penas; o que assinala suas diferenças, porém, é sua universalização e hegemonia, que só vêm a ocorrer com o Iluminismo,[92] quando se dá a superação

---

90   ZAFFARONI, 2012, p. 309.
91   *Idem*, 2021, p. 55 e seguintes.
92   RUSCHE; KIRCHHEIMER, 2004, pp. 43-122.

da "pena-espetáculo" pela "pena-prisão".[93] Vale lembrar que o mercantilismo, que se desenvolveu com os processos de colonização, visava sedimentar as bases da relação capital-trabalho, de tal modo a introduzir nas relações humanas um conceito prévio de mercadoria e estendê-lo como elemento da ideologia dominante.

A prisão, como pena privativa de liberdade, aparece contemporaneamente ao surgimento do conceito burguês de disciplina (com sua implicação cultural) e às mudanças conhecidas sobre a organização capitalista do trabalho.[94] Não é coincidência o fato de incidir tanto o princípio da *less eligibility* (segundo esse princípio, as condições de vida no cárcere devem ser forçosamente inferiores às das categorias mais baixas dos trabalhadores livres, de modo a estimular o trabalho) quanto a concepção burguesa de "tempo" (indispensável ao ideal de proporcionalidade da pena) na construção da ideia de prisão-pena.

Como conclui Massimo Pavarini, a

> ideia de privação de um *quantum* de liberdade, determinada de modo abstrato, como hipótese dominante de sanção penal, só pode universalizar-se de fato com o advento do sistema capitalista de produção, ou seja, naquele processo econômico em que todas as formas de riqueza social são devolvidas à forma mais simples e abstrata do trabalho humano medido pelo tempo.[95]

---

93  FOUCAULT, 1977.
94  NEDER, 2000, p. 15.
95  MELOSSI; PAVARINI, 2006, p. 262.

De fato, o fenômeno "prisão-pena" está ligado, "ainda que inconscientemente, à ideia do ser humano abstrato medido no tempo. Essa forma de pena se afirma [...] quando a burguesia desenvolvia e consolidava plenamente todos os seus traços".[96]

A prisão-pena, a privação da liberdade através do cárcere como punição, tornou-se

> a pena por excelência na sociedade produtora de mercadorias. A ideia de retribuição por equivalente encontra, assim, na pena carcerária a sua máxima realização, enquanto a liberdade impedida (temporariamente) é capaz de representar a forma mais simples e absoluta de 'valor de troca' (leia-se, valor do trabalho assalariado).[97]

A prisão, como todo instrumental estatal, é "um derivado necessário da própria reprodução capitalista".[98] O Estado, esse "terceiro" em relação a cada explorador e a cada explorado, ao recorrer à prisão, faz o "jogo sujo" (a dominação que antes era exercida diretamente pela classe exploradora) necessário à manutenção e reprodução contínua do capitalismo. Hoje, a prisão funciona como um instrumento importante para a gestão dos indesejáveis, ou seja, para o controle (ou neutralização) das pessoas que são etiquetadas como "inimigas" à luz da racionalidade neoliberal (esse modo de ver e atuar no mundo que trata tudo e todos como objetos negociáveis a partir de cálculos de interesse que miram o lucro e/ou a obtenção de vantagens pessoais).

---

96    PACHUKANIS, 1975, p. 189.
97    MELOSSI; PAVARINI, 2006, p. 263.
98    MASCARO, 2013, p. 19.

Uma parte da doutrina, analisando o tema sob ponto de vista histórico, admite que a prisão com finalidade assecuratória antecede à prisão como pena. Karam, por exemplo, entende que antes da superação do feudalismo, com a sedimentação do modo de produção capitalista, "a privação de liberdade não era uma pena, funcionando nos moldes de uma prisão provisória. Penas eram, então, especialmente a morte e os castigos corporais".[99] Inicialmente, a prisão era utilizada para "assegurar a presença do acusado, evitar-lhe o conluio com outros acusados e impedir que ele destruísse os vestígios do crime".[100] A questão, porém, é mais de ordem conceitual do que empírica. Mesmo no feudalismo, por exemplo, nos principados alemães, se usava a prisão quantificada como forma de punição.[101] Convém salientar, ademais, que a prisão como pena, que se desenvolve no capitalismo, não implica desconsiderar que a prisão, como castigo, seja um fenômeno bastante antigo. Vê-se, por exemplo, segundo relato de Heródoto, que já na antiga Pérsia o rei Ciro mantinha encarcerado seu avô materno Astíages, acusando-o de crime político.[102]

Independentemente do fim dessa prisão, se como castigo ou não, sua execução não difere da prisão-pena da atualidade. Ainda no direito romano eram previstos como penas os trabalhos forçados nas minas, os quais não deixam de ser também uma forma de prisão, na medida em que os internos não podiam de lá sair ou deixar de trabalhar. Assim, a prisão sempre foi um recurso usado pelo poder para afastar de cena os indesejáveis. O que a caracteriza no capitalismo é sua fundamentação como uma espécie de compensação, ou seja, sua

---

99   KARAM, 2009, pp. 8-9.
100  TORNAGUI, 1963, p. 196.
101  TAVARES, 2021, p. 121.
102  HERÓDOTO, 2003, p. LXXV.

conjugação em tempo de cárcere com o tempo gasto na prática do delito, bem como a consideração do tempo "subtraído" da vítima, o que corresponde, de certo modo, à estrutura dos valores de troca e de uso em face do tempo de trabalho desempenhado para a produção da mercadoria. Nesse contexto de uma sociedade vinculada ao comércio (*Wirtgesellschaft*), a pena de prisão, como é mensurada temporalmente e, portanto, quantificável, é bem adequada a ser equiparada a uma mercadoria. Do mesmo modo que o crime viola as regras que asseguram o livre comércio – veja-se que os crimes patrimoniais são muito mais abundantes nos códigos penais do que os demais crimes – a pena deverá constituir justamente uma compensação pela violação dessas regras. A prisão, nesse caso, serve não apenas para excluir de circulação os indesejáveis, como sempre se fez, mas principalmente para valorar a intensidade de agressão aos bens jurídicos, como tempo de execução. Essa característica da prisão, medida em tempo de execução, demonstra, por seu turno, que a gravidade do crime não é avaliada pela gravidade de lesão do bem jurídico, como se poderia imaginar, senão pelo *quantum* de pena que o legislador comina ao delito. Não raro, esse quantum é fixado pelo legislador de maneira arbitrária e sem qualquer relação de proporcionalidade com a importância do bem jurídico que se afirma querer proteger. Portanto, a suposta proteção do bem jurídico, que sustenta toda a argumentação jurídica, não deixa de ser mero pretexto discursivo e epistemológico para legitimar o fenômeno da prisão. No fundo, quem define a gravidade da ofensa não é o dano ou o perigo objetivo produzidos pela conduta, mas tão somente o desejo do legislador, que, segundo uma lógica de poder, fixa a quantidade de pena para cada conduta, independentemente de sua real repercussão na realidade empírica.

Essa dinâmica de poder impor e quantificar a pena reflete, precisamente, o modo de produção capitalista de identificar a medida penal com os elementos e a estrutura de uma mercadoria. Se a pena é, no fundo, uma mercadoria oferecida ao grande público, nada há de conteúdo moral a justificá-la, nem ela serve aos atributos de prevenção e ressocialização que fazem parte de sua propaganda (as mercadorias são sempre apresentadas como meras positividades; as negatividades, por sua vez, são escondidas). A falácia da defesa do bem jurídico pela imposição da pena cai por terra, ademais, quando se observa a disparidade entre sua quantificação e a qualidade da ofensa. Se a Constituição institui a pessoa humana como centro da ordem jurídica (art. 1º, III), é absolutamente irracional, por exemplo, prever-se uma pena de 2 (dois) a 8 (oito) anos de reclusão para o furto de um aparelho celular mediante destreza (o caso típico do batedor de carteira, art. 155, § 4º, II) em comparação com a mesma pena, de 2 (dois) a 8 (oito) anos, cominada ao delito de lesão gravíssima, como aquela que impossibilite a vítima permanentemente para o trabalho (art. 129, § 2º, I). Essa simples comparação demonstra que a quantidade da pena cominada não se relaciona diretamente ao dano ou ao perigo de dano ao bem jurídico, nem à sua qualidade, mas sim ao sistema produtivo. É mais importante preservar a propriedade do celular, e prestigiar simbolicamente o sistema capitalista e a produção de bens, do que preservar a integridade física da pessoa.

É verdade que uma das primeiras e principais funções da prisão-pena era a de "contribuir para a transformação da massa indisciplinada de camponeses expulsos do campo e separados dos meios de produção em indivíduos adaptados à disciplina da fábrica moderna".[103] Para além de disciplinar, a prisão-pena foi utilizada para regular o mercado de trabalho (com a superexploração dos presos, como fator de redução do preço de venda da força de trabalho etc.).[104]

A pena costuma ser definida, a partir de uma perspectiva behaviorista, como um estímulo aversivo. A partir dessa concepção sociológica do fenômeno "pena", costuma-se apontar a prisão-pena como a privação de liberdade imposta para funcionar como um estímulo capaz de evitar novos crimes. Todavia, as próprias pesquisas da linha behaviorista indicam que estímulos aversivos só alcançariam os objetivos visados em situações específicas, "sob condições bastante limitadas, de quase impossível implementação na vida normal. A pena é especialmente ineficaz quando não se reforça o comportamento alternativo – o que pressupõe, por óbvio, que ele seja oferecido".[105] Por outro lado, segundo B. F. Skinner, o estímulo só pode produzir efeito positivo quando implicar um benefício ao imputado, jamais um sofrimento. O benefício encontra-se no campo de Eros, o sofrimento liga-se a Tânatos. A punição produziria, ao revés, muitos efeitos negativos, entre os quais:

a) sua incapacidade de manter sua função adversa por muito tempo;
b) sua inutilidade depois de cessar seus efeitos imediatos;
c) sua capacidade de gerar respostas emocionais desagradáveis;

---

103 KARAM, 2009, p. 9.
104 *Ibid.*, p. 9.
105 FABRICIUS, 2009, p. 38.

d) a ocorrência de efeitos contraditórios, ou seja, o fortalecimento e, ao mesmo tempo, o enfraquecimento da resposta;
e) o perigo de generalização de um reforço orientado a um determinado contexto;
f) a extensão de seus efeitos difusos, para além do caso concreto;
g) a produção de um efeito sabotador;
h) sua capacidade de gerar, invariavelmente, respostas agressivas.[106]

A pena-prisão não produz os efeitos de prevenção e ressocialização, que dela alguns ainda esperam, porque é, ademais, "humilhante e degradante. Humilhação – no sentido penal, comumente ligada a rebaixamento – desencadeia o ciclo vergonha/ira. O risco de novos delitos aumenta",[107] sendo certo que as péssimas condições dos presídios e a superpopulação carcerária, para além de funcionarem como condições para o aumento do efeito reprodutor de crimes dentro das prisões, contribuem para a constante violação à integridade física dos presos, com não poucos casos de homicídio ou de outras mortes evitáveis, o que faz com que "a pena de prisão se converta em uma pena de morte aleatória, por qualquer delito e inclusive por nenhum delito".[108] Pode-se "afirmar, de modo resumido, que todas as teorias preventivas dos fins da pena que estabelecem uma relação empírica entre a punição e o comportamento futuro do apenado não encontram qualquer confirmação através da ciência empírica".[109]

---

106   CARVALHO NETO; MAYER, 2011.
107   FABRICIUS, 2009, p. 38.
108   ZAFFARONI, pp. 312-313.
109   FABRICIUS, 2009, p. 39.

Nos países ricos, revela Zaffaroni, "os cárceres tendem a se converter em instituições de *tortura branca* (sem o predomínio de violência física) e, nos pobres, em campos de concentração, com mortos frequentes (massacres em conta-gotas) e surtos de mortes massivas (motins)".[110] Não raro, a intervenção penal com a imposição da prisão-pena gera consequências sociais mais graves do que as produzidas pelo fato que se quis punir. Novamente, com o professor argentino, pode-se afirmar que "o encarceramento desnecessário fabrica delinquentes".[111]

A prisão-pena, imposta após cognição exauriente (encerrado o processo de reconstrução histórica dos fatos em juízo, com a produção das provas, e apreciadas as alegações das partes pelo órgão julgador) e o trânsito em julgado da condenação (a impossibilidade de interposição de recurso de uma decisão que declara o réu culpado e impõe uma resposta estatal ao delito), deveria estar em conformidade com a Constituição Federal (que veda penas cruéis, ao mesmo tempo em que fomenta o respeito à dignidade humana) e com a Lei de Execuções Penais. Contudo, o mesmo Estado, que impõe a prisão-pena como resposta às ilegalidades, comete inúmeras ilegalidades durante a execução da pena privativa de liberdade. O próprio Supremo Tribunal Federal tem declarado que as prisões no Brasil se dão em meio a um "estado de coisas inconstitucional". Assim, o Estado, ao violar as normas constitucionais e infraconstitucionais que regulam a execução da pena, perde a superioridade ética que o distingue (ou deveria distinguir) do autor do crime que ele pretende punir.

---

110   ZAFFARONI, 2012, p. 310.
111   *Ibid.*, p. 310.

Entre as graves distorções do sistema de execução das penas privativas de liberdade encontram-se:

a) a superpopulação carcerária;
b) a negação dos direitos do preso, previstos na Lei de Execução Penal;
c) a inexistência de estímulos para o amadurecimento pessoal do indivíduo preso;
d) o desaparecimento da privacidade/individualidade do preso;
e) a violação aos direitos dos parentes e das demais pessoas que visitam os presos (não raro submetidas a revistas vexatórias que, até há pouco tempo no Brasil, incluíam toques vaginais e retais);
f) a existência de uma rede de negócios ilegais no interior das prisões que envolvem desde o tráfico de objetos proibidos até a venda de privilégios na microssociedade carcerária etc.

Não se pode, também, ignorar as hipóteses de erros judiciais que levam à imposição da pena de prisão a pessoas que não cometeram crimes. Erros de interpretação das provas, reconhecimentos equivocados, falsas memórias, testemunhas sugestionadas, falsos testemunhos, complôs policiais, racismos, machismos, preconceitos, dentre outros fenômenos de não rara incidência, levam a condenações injustas. A existência desses casos (que alguns reduzem a meros "danos colaterais" do sistema de justiça criminal) constitui o sinal mais evidente do cuidado que se exige diante da opção política de se permitir que pessoas (e, portanto, seres falíveis) encarcerem outras pessoas.

Ademais, com ou sem erro judicial, toda privação de liberdade prolongada acarreta para o indivíduo a perda da dinâmica cultural e tecnológica externa, uma vez que sai do cárcere para "um mundo que não é o que conhecia, tal como um Robinson que volta à civilização".[112]Com a aceleração da velocidade provocada pela Terceira Revolução Tecnológica (Revolução Informacional), o tempo e os efeitos do cárcere tornam-se ainda mais cruéis.

Ao lado das prisões em razão de condenações irrecorríveis, independentemente de serem justas ou injustas, existem as prisões provisórias (em especial, as espécies de prisão cautelar), que podem ser apresentadas, simplesmente, como prisões sem condenação irrecorrível. No Brasil, uma quantidade significativa da população encarcerada é de presos provisórios, isto é, de presos sem condenação por qualquer delito. Em alguns estados da federação, mais da metade dos presos é composta por pessoas que ainda não foram julgadas.

No plano da dogmática processual penal, pode-se afirmar que essa prisão, que independe de efetiva condenação, não tem como finalidade punir a pessoa a quem se atribui a prática de um determinado delito, nem como fundamento os fins atribuídos à pena (retribuição, prevenção geral ou prevenção especial). Costuma-se afirmar que a prisão provisória não pode antecipar eventual punição por fatos atribuídos ao indiciado (no curso da investigação preliminar) ou ao réu (após a propositura de ação penal em desfavor do imputado). Ao contrário, a prisão cautelar, principal espécie do gênero "prisão provisória", tem por objetivo "a eficácia e eficiência do procedimento, e da sentença que o

---

112   *Ibid.*, p. 317.

conclui",[113] ou seja, trata-se de medida assecuratória da eficácia prática tanto do processo de conhecimento quanto da execução penal. Claro, isso no plano teórico; na prática, os atores jurídicos fazem com que a prisão cautelar antecipe a execução definitiva ou funciona como uma espécie de punição para delinquentes em potencial.

Na lição de Afrânio Silva Jardim, a partir da teoria importada do direito processual civil, enquanto no

> processo de conhecimento e de execução o Estado presta tutela imediata e satisfativa, no processo cautelar procura-se preservar situações, a fim de assegurar a eficácia das providências, quer cognitivas, quer executivas. Sua função é meramente instrumental em relação ao processo de conhecimento ou de execução.[114]

No mesmo sentido, José Frederico Marques observa que "as providências cautelares possuem caráter instrumental: constituem meio e modo de garantir-se o resultado da tutela jurisdicional a ser obtida por meio do processo".[115]

No ambiente inquisitorial, no qual o imputado (aquele a quem se atribui a prática de um crime) era visto como objeto de investigação, um "animal que confessa",[116] a custódia (poder-se-ia dizer cautelar, posto que instrumental ao processo) era parte do instrumental voltado a se obter a confissão: um "expediente instrutório".[117] Como explica Franco Cordero, o processo inquisitório, que envolvia até

---

113  MAIER, 2011, p. 377.
114  JARDIM, 1987, p. 244.
115  MARQUES, 1997, p. 31.
116  CORDERO, 2000, p. 393.
117  Ibid., p. 392.

sessões de tortura, exigia largas pausas em que os imputados, colocados em cárceres, fragilizados tanto pelos atos a eles impostos quanto pela espera, eram "comodamente manipulados: expediente instrutório, esta detenção ou custódia é um instrumento do ofício; em um ambiente normal, o investigado não confessaria".[118] Ainda hoje, a prisão cautelar, por vezes ilegal, por vezes desnecessária, é utilizada para fragilizar o imputado na busca por uma confissão que facilite o trabalho dos órgãos encarregados da persecução penal. Isso mais se acentua, no panorama recente, com o uso da prisão para obter delações, sob o pretexto de poder alcançar uma eficácia maior para o procedimento investigatório.

A tradição brasileira é forjada a partir de premissas inquisitoriais, o que acaba por gerar um meio que confunde as funções de acusar e julgar, em que vigora a crença na "verdade real" (isto é, a ilusão de que o ser humano é capaz de apreender o todo) e no qual a gestão das provas cabe ao juiz (em modelos de viés acusatório, tendencialmente mais democráticos, o poder de produzir provas para confirmar ou refutar a hipótese acusatória cabe às partes, o que ajuda a preservar a imparcialidade/equidistância/posição de não-saber do juiz). A permanência em pleno século XXI do CPP de 1941, elaborado durante a ditadura do Estado Novo brasileiro e inspirado no Código Rocco italiano do período fascista clássico, é um sintoma da adesão a um modelo autoritário de processo penal voltado a moldar almas e controlar corpos. Registre-se que a prisão no curso do processo favorece essa "manipulação da alma", na medida em que o indivíduo preso se torna irreconhecível, fragilizado, em relação ao que era fora

---

[118] *Ibid.*, p. 392.

do cárcere.[119] Não alteraram substancialmente esse panorama as inúmeras reformas pontuais que são inseridas no direito e no processo penal brasileiro, nem por parte do Legislativo, através de lei, nem do Judiciário, por meio da jurisprudência e das diretrizes estabelecidas pelo Conselho Nacional de Justiça (CNJ). Mesmo quando o Legislativo excepcionalmente opera com alguma liberalidade, como no caso da instituição do juiz de garantias, o Supremo Tribunal limita a extensão dessas inovações legais, ora mediante um procedimento de absoluta violação/inversão de suas atribuições constitucionais, "produzindo" uma nova lei que apaga os efeitos de redução da coação estatal, ora interpretando-a restritivamente. Quando o Judiciário, por sua vez, amplia o quadro dos direitos da pessoa, o Legislativo se agita no sentido de restringir o alcance dessa jurisprudência, como ocorre, por exemplo, na questão das drogas etiquetadas de ilícitas ou do aborto.

O CPP de 1941, casuístico em diversas passagens, apresenta uma regulamentação do instituto da prisão cautelar em termos ambíguos, com textos legais fluídos/abertos (que permitem decisionismos e perversões inquisitoriais), e trata a liberdade ora como um benefício, ora como um acidente no curso da persecução penal (a própria expressão "liberdade provisória" é um indicativo desse quadro). Ademais, o CPP não estabelece o prazo máximo de duração da custódia cautelar, em que pese o evidente direito humano de não ser privado da liberdade durante o procedimento penal de forma prolongada sem o crivo de uma sentença condenatória transitada em julgado, sem a existência de limites temporais bem definidos, o que reforça a distorção de um sistema que admite a existência de prisões sem

---

119 *Ibid.*, p. 393.

condenações. Veja-se, por exemplo, como os órgãos judiciais se contradizem com relação à apreensão de adolescentes, ora cumprindo a lei e proibindo a apreensão sem que exista um fato juridicamente relevante, ora descumprindo a lei e autorizando essa apreensão por simples impressão subjetiva dos agentes policiais, sempre impregnada de um sentimento racista e discriminador.

O Brasil de 1940-1941, época em que surgiu o atual CPP, da mesma maneira que a Itália de 1930, era um Estado autoritário e, como lembra Cordero, "o organismo codificado de novo responde aos interesses dominantes".[120] Contudo, o que causa surpresa é a permanência de figuras típicas de modelos autoritários em tempos, ao menos formalmente, democráticos; um verdadeiro patrimônio autoritário a serviço dos atores jurídicos de hoje.

Como parece fácil intuir, a partir da perspectiva do indivíduo que é posto no cárcere, bem como ao se analisar o direito que é suspenso pela imposição da prisão (o direito à liberdade de locomoção), não há diferença substancial entre a prisão-pena e a prisão cautelar.[121] Zaffaroni, com precisão e sarcasmo, anota que "a pessoa que permanece na prisão dois ou três anos considerará uma piada de mau gosto que se diga para ela não se preocupar, porque se trata só de uma medida cautelar".[122] Para o autor, a

> expressão *medida cautelar* – tomada do processo civil – é um claro eufemismo, que sempre é uma forma de linguagem encobridora, própria de todo poder punitivo de

---

120 *Ibid.*, p. 396.
121 MAIER, 2011, p. 379.
122 ZAFFARONI, 2012, p. 313.

modelo inquisitorial [...] Nós escondemos a pena sem condenação como *medida cautelar*.[123]

De fato, condenada ou absolvida, a pessoa que foi submetida ao encarceramento cautelar, para além do tempo em que teve sua liberdade suspensa, carregará em toda a sua vida um estigma (em muito semelhante àquele que carrega a pessoa submetida à prisão-pena).

A prisão pode ser dar em qualquer dia e a qualquer hora, respeitadas as restrições relativas à inviolabilidade do domicílio (art. 283, § 2º, do CPP) e à imunidade eleitoral (art. 236 do Código Eleitoral). Vale, por oportuno, lembrar que o ônus de demonstrar a existência de um motivo legítimo para o afastamento da garantia da inviolabilidade do domicílio é, por evidente, do Estado e de seus agentes (que deveriam documentar adequadamente, e se possível filmar, a situação que os levou a invadir uma residência ou mesmo eventual autorização para adentrar em um imóvel particular). Registre-se, ainda, que não é legítimo o emprego de força (art. 284 do CPP) ou o uso de algemas (Súmula Vinculante nº 11 do Supremo Tribunal Federal) para além do necessário em caso de resistência, de perigo à integridade física ou de tentativa de fuga do preso. Condutas humanas que configuram o exercício de direitos constitucionalmente assegurados, por evidente, também não podem dar ensejo à decretação de prisões em flagrante ou cautelares (um ato não pode ser legal e, ao mesmo tempo, ilegal, certo que a dúvida sobre a legalidade da conduta deve ser interpretada em favor do imputado): isso acontece tanto nas hipóteses de legítima defesa e de estado de necessidade quanto em

---

123   *Ibid.*, p. 313.

todos os casos em que a própria Constituição autoriza a prática de um direito, como o exercício do direito de greve (mesmo quando a greve é posteriormente declarada ilegal) ou as hipóteses de ocupações de terra com o objetivo de sensibilizar o Poder Público para a existência de latifúndios e a necessidade da reforma agrária.

Por serem inerentes à vida democrática, também não cabe prisão em flagrante ou cautelar diante de manifestações públicas ou nos casos de desobediência civil (ato de resistência dos cidadãos contra uma decisão estatal relevante, que consideram ilegítima, mediante manifestações, protestos etc.), desde que não coloquem em risco os direitos fundamentais, a soberania popular e a própria Constituição (art. 5º, inciso XVI, da Constituição Federal). O exercício de um direito assegurado pela Constituição não pode constituir um ato antinormativo e, consequentemente, nesses casos, não é possível vislumbrar a aparência de tipicidade necessária à decretação de uma prisão provisória. Na prática, porém, essas restrições legais costumam ser arbitrariamente relativizadas com a conivência da autoridade policial, de juízes e de membros do Ministério Público.

No ordenamento brasileiro, três são as espécies de prisão: a prisão-pena, a prisão em flagrante (pré-cautelar) e a prisão cautelar (também chamada de processual). A chamada "prisão domiciliar", por sua vez, refere-se ao local em que o indivíduo fica com a liberdade restrita: a residência do sujeito. Trata-se de uma exceção dentro das hipóteses de prisão. Assim, cabe prisão domiciliar em situações ainda mais excepcionais, a saber:

a) após a decretação de uma prisão preventiva (prisão cautelar domiciliar), quando a situação concreta autorizar,

sempre a partir da perspectiva da proteção da dignidade humana (art. 1º, inciso III, da Constituição Federal), nas hipóteses previstas no art. 318 do CPP (salvo exceções também previstas na legislação), quando o imputado ou imputada for:
- maior de 80 anos (alguns, com razão, sustentam que os maiores de sessenta anos têm igual direito por força do Estatuto do Idoso, art. 1º da Lei nº 10.741/2003);
- extremamente debilitado por motivo de doença grave;
- gestante;
- imprescindível aos cuidados de pessoa menor de seis anos de idade ou com deficiência;
- mulher com filho de até doze anos incompletos; e
- homem que seja o único responsável pelo cuidado do filho de até doze anos incompletos;

b) no caso de prisão-pena, nas hipóteses do artigo 117 da Lei n.º 7.210/84 (em linhas gerais, quando o condenado for: maior de setenta anos; acometido de doença grave; condenada com filho menor, deficiente físico ou mental; e condenada gestante), para os apenados que cumprem pena em regime aberto.

Registre-se que, em atenção ao princípio da dignidade da pessoa humana, existem decisões judiciais que reconhecem o estado inconstitucional dos presídios brasileiros e, portanto, autorizam o recolhimento domiciliar para apenados em regime diverso do aberto se essa exceção for necessária ao tratamento digno do preso. O cumprimento da prisão domiciliar, tanto cautelar quanto em razão de pena definitiva, se dá com o recolhimento da pessoa à sua residência, não podendo dela sair sem autorização judicial.

Vale lembrar: em atenção à normatividade constitucional, a liberdade é um direito inerente à pessoa e a prisão sempre deveria funcionar como uma medida extrema, excepcional e provisória. Como medida excepcional e restritiva de direitos assegurados na Constituição, a disciplina das prisões está subordinada ao princípio da legalidade estrita: o juiz ao decretar uma prisão deve ter o mínimo possível de discricionariedade.

# 4

# PRESUNÇÃO DE INOCÊNCIA: PRINCÍPIO INERENTE AO ESTADO DEMOCRÁTICO DE DIREITO

No Estado Democrático de Direito, modelo marcado tanto pelo controle do poder quanto pela necessidade de concretização dos direitos fundamentais, impõe-se privilegiar a liberdade do indivíduo durante o procedimento de persecução penal (procedimento tendente à aplicação de uma resposta estatal aos desvios etiquetados de criminosos) até o esgotamento de todos os recursos cabíveis de eventual condenação, o que veda a antecipação da punição e torna excepcional o encarceramento cautelar (a prisão de natureza processual). A presunção de inocência aparece, então, como parte do conjunto normativo que instaura o primado da liberdade sobre a prisão.

As primeiras notícias do *princípio da presunção de inocência* remontam ao direito romano, mas seu período de mais baixa concretude se deu na Idade Média, no qual vigoravam procedimentos inquisitoriais, juízos de responsabilização puramente objetiva, provas tarifadas e fogueiras. Correlato ao *princípio da necessidade de jurisdição* (não há declaração de culpabilidade sem juízo), o princípio constitucional da presunção de inocência revela que "a culpa, e não a inocência, deve ser demonstrada",[124] que a necessidade da restrição liberdade, e não o estado de liberdade, precisa ser satisfatoriamente justificado.

Trata-se de um princípio fundamental de civilidade, "o fruto de uma opção garantista a favor da tutela da imunidade dos inocentes, ainda que ao custo da impunidade de algum culpado".[125] Mais do que uma opção legislativa em prol da parte mais fraca da relação processual (relação, vale sempre lembrar, estruturalmente desigual, uma vez que coloca o acusado/indivíduo em oposição ao Estado), o princípio da presunção de inocência representa uma proposta de segurança para o corpo social, já que o arbítrio estatal, corporificado na condenação de inocentes, representa uma forma de violência igual, ou mesmo pior (por se tratar de violência estatal ilegítima), que a cometida pelo sujeito criminalizado. Dos agentes estatais, em uma verdadeira democracia, espera-se, no mínimo, o respeito à legalidade e a preservação da integridade e dos interesses das pessoas,

---

124 FERRAJOLI, 2002, p. 441.
125 *Ibid.*, p. 441.

o que está longe de acontecer nos simulacros de democracia burguesa dominados pelos detentores do poder econômico.

O princípio da presunção de inocência encontra-se elencado no artigo 5.º, inciso LVII, da Constituição Federal, no artigo 9º da Declaração dos Direitos do Homem e do Cidadão e em grande número de diplomas de direito internacional, inclusive na Convenção Americana de Direitos Humanos (Pacto de San José da Costa Rica), da qual o Brasil é signatário, em que se lê: "Toda pessoa acusada de delito tem direito a que se presuma sua inocência enquanto não se comprove legalmente sua culpa" (art. 8.2). A redação (diga-se: tímida e dúbia) dada ao artigo 5.º, inciso LVII, da Constituição Federal, não faz referência explícita à presunção de inocência e reproduz, em linhas gerais, a solução conciliatória adotada pela Constituição Italiana de 1947. Naquela ocasião, diante da redemocratização italiana, buscou-se evitar uma ruptura com a tradição dogmática-
-autoritária. Em realidade, "no eixo da discussão sobre a essência da presunção de inocência está uma clássica e histórica polêmica entre correntes liberais e antiliberais".[126]

Pode-se apontar que, na Itália, confrontavam-se teóricos que conferiam ao *princípio da inocência* sua amplitude máxima, como forma de realçar/reforçar a liberdade individual, como símbolo frente ao obscurantismo processual, e aqueles que detinham o poder político durante o fascismo italiano (e que representaram forte influência no direito brasileiro ao tempo da elaboração do CPP de 1941), que vislumbravam excessos na defesa das garantias individuais e entendiam impossível a existência de uma verdadeira presunção de inocência que acobertasse pessoas acusadas de

---

126   GOMES, 1988, p. 102.

crimes. Para esses teóricos (por todos, Manzini), vinculados ao movimento autoritário, o fato de alguém ser acusado de um crime era um indício de culpa, mas o que deveria vigorar durante o processo criminal era uma "declaração (presunção) de não culpabilidade", uma postura que via o imputado (aquele a quem se atribui uma conduta criminosa) numa situação "neutra'", em que ainda não podia ser tido como culpado e nem era visto como inocente.

Como se percebe, a disputa entre liberais e antiliberais reproduz, na compreensão desse princípio, o conflito entre o interesse repressivo e o interesse de manutenção da liberdade do cidadão. Todavia, ao acompanhar a lição de Jaime Vegas Torres, "não é possível distinguir 'presunção de não culpabilidade' e 'presunção de inocência",[127] pois a neutralidade (conceitualmente, a ausência de valores) é impossível: a pessoa deve ser tida e tratada como inocente até o trânsito em julgado (até a impossibilidade de impugnar a condenação pela via recursal) de sentença penal condenatória. Em uma perspectiva democrática, o projeto de vida de cada pessoa (o vir-a-ser), a possibilidade de agir e caminhar em direção à vida plena, deve sofrer a mínima intervenção possível do Estado.

Negar o primado da liberdade, sob qualquer argumento, é um passo em direção ao autoritarismo, sempre.

No Brasil, a presunção de inocência constitui direito fundamental de dimensão constitucional. Não se trata de uma presunção em sentido técnico, mas de uma valoração constitucional que condiciona a atuação de todos os agentes estatais em diversos momentos. O mencionado princípio, estrutural, leva à concretização jurídica do estado de inocência, entendido como:

---

127   TORRES, 1993, p. 31.

posição do sujeito diante das normas da ordenação, resultando também *direitos subjetivos públicos* a serem exercidos em face do Estado, que haverá de justificar sempre ou em *lei* ou/e *motivadamente* – quando judicial a decisão – quaisquer restrições àqueles direitos.[128]

Na lição de Amilton Bueno De Carvalho, a realização desse princípio exige a adoção de uma postura ativa (e não de mera passividade) da Agência Judicial, a saber: deve o juiz entrar no feito convencido de que o cidadão é inocente e só prova forte em contrário, destruidora da convicção inicial, é que levará ao resultado de condenação.[129]

A concretização do princípio da presunção de inocência se dá em três dimensões diversas:

a) a dimensão do tratamento conferido ao indiciado ou réu (norma de tratamento);
b) a dimensão de garantia (norma do Estado);
c) a dimensão probatória (norma de juízo).

A presunção de inocência revela, em primeiro lugar, uma *norma de tratamento*, que favorece o indiciado e o réu, desde a investigação preliminar até, e inclusive, o julgamento do caso penal nos tribunais superiores (por "tribunal superior" entende-se o órgão judicial com competência em todo o território nacional). Todos os imputados (indiciados ou acusados) devem ser tratados como se inocentes fossem, até que advenha a declaração jurídica da culpabilidade oriunda de uma sentença penal irrecorrível. Nessa dimensão, o

---

128 OLIVEIRA, 2004, p. 174.
129 CARVALHO, 1998, pp. 104-105.

princípio constitucional impõe a isonomia entre o cidadão que não figura no polo passivo da relação processual penal e aquele a quem se atribui a prática de um delito. O tratamento diferenciado entre o réu e qualquer outro indivíduo só se justifica diante do reconhecimento estatal, devidamente fundamentado, da necessidade de se afastar o tratamento isonômico. O fato de alguém responder a um processo criminal não é suficiente para a imposição de qualquer medida restritiva da liberdade. Assim, por exemplo, tanto o uso de algemas quanto a decretação de prisões cautelares são medidas de exceção que só podem ser adotadas em situações excepcionais, em razão da atitude do imputado (indiciado ou acusado) que justifica a medida restritiva.

A presunção de inocência, em segundo lugar, representa uma *norma probatória* que se exprime através da máxima latina que orienta a apreciação da prova penal: *in dubio pro reo*. Em plena sintonia com o sistema acusatório, enuncia que o monopólio estatal da titularidade da ação penal acarreta como consequência inafastável a necessidade (o ônus, dizem alguns) da parte-autora provar todos os fatos que compõem a acusação que ela formulou. No processo penal, a carga probatória é toda da acusação. Mesmo diante da inércia da defesa técnica, o acusado deverá ser absolvido se o Estado não for capaz de demonstrar a autoria, a materialidade e a culpabilidade descritas na denúncia (ou queixa), isto é, cabe à parte-autora produzir a prova segura da conduta típica, ilícita e culpável. A carga probatória é uma consequência natural do poder de propor a ação penal: acuse, mas prove a acusação, demonstre através de provas a conduta ilícita atribuída ao réu. Se, no momento da propositura da ação penal, o autor (em regra, o Estado-autor) deve demonstrar a materialidade (a existência de um crime) e os indícios pré-processuais de autoria (em suma: elementos de convicção que atestem a seriedade da acusação contra uma ou mais pessoas), em um segundo momento, na fase processual propriamente dita, no caso de um juízo de admissibilidade positivo da acusação (recebimento da denúncia ou queixa), deverá construir, sob o crivo do contraditório, um contexto probatório que autorize a declaração judicial de culpabilidade.

Uma vez que a demonstração da existência e da autoria de um delito constitui uma exigência de ordem constitucional à imposição de uma pena, pode-se dizer que são tendencialmente incompatíveis com a Constituição os procedimentos que atribuem ao imputado a realização de tarefas restritivas de sua liberdade, sob a única condição de seu consentimento ou de sua colaboração com o acusador, tal como ocorre na chamada Justiça Penal Negocial (suspensão condicional do processo, acordo de não persecução penal, transação penal, termo de ajustamento de conduta, colaboração premiada etc.). Vale lembrar que os valores da jurisdição democrática (liberdade e verdade) acabam relativizados nos casos de justiça negocial. Esses procedimentos negociais, típicos da hegemonia da racionalidade neoliberal, só podem ser considerados adequados à Constituição na medida em que produzam apenas efeitos civis, sem qualquer conotação penal, de modo a atender ao princípio de intervenção mínima. A intervenção mínima não é simplesmente um princípio programático, mas sim um elemento essencial à delimitação do poder de punir que deve estar presente também na verificação da culpabilidade. Ao contrário do que afirma uma parte da doutrina e, também, da jurisprudência, a culpabilidade não constitui um pressuposto da pena, senão uma qualidade da conduta, a qual, desdobrada em sua estrutura sob o panorama do processo de responsabilidade a partir da proteção ao sujeito, conduz à decisão de, sempre que possível, solucionar o conflito produzido pelo fato injusto mediante recursos menos gravosos do que os efeitos penais abstratamente previstos.

Ainda sobre a dimensão probatória do princípio da presunção de inocência, nada obsta a que o réu opte por contradizer a acusação e provar o desacerto da hipótese acusatória. Trata-se, porém, de mera faculdade. A inércia do réu em matéria probatória não inviabiliza o reconhecimento de teses do seu interesse. Se o órgão acusador, para o exercício legítimo da ação penal condenatória, tem o dever de imputar um fato criminoso (leia-se: um fato típico, ilícito e culpável), a ele também cabe demonstrar a tipicidade, a ilicitude e a culpabilidade afirmadas. Com razão, portanto, Afrânio Silva Jardim[130] e Germano Marques,[131] ao aduzirem que não compete ao réu provar as circunstâncias justificantes (que excluem a ilicitude) e exculpantes (que excluem a culpabilidade) por ele alegadas. Como corolário do princípio da intervenção mínima, que se soma sempre à presunção de inocência, devem os órgãos julgadores orientar suas decisões no sentido de buscar a exclusão da responsabilidade, sempre que estiver presente uma alternativa despenalizadora da conduta. Se o acusado não precisa provar sua inocência, da mesma forma não precisa demonstrar que faz jus a uma solução judicial menos gravosa aos seus interesses.

É também a dimensão probatória do princípio da presunção de inocência que torna inconstitucional qualquer ato (legislativo, administrativo ou judicial) que implique

---

130   JARDIM, 2013, pp. 227-244.
131   MARQUES, 2000, p. 170.

a inversão do ônus da prova no processo penal. Há, portanto, um claro limite material à liberdade de conformação da prova pelo legislador ordinário, "constituído pela especial dignidade e importância atribuídas a determinados bens constitucionais (vida, liberdade, integridade física)".[132] Na lição de Canotilho, "isso significa que, quando alguns direitos invioláveis estejam sujeitos a restrições e essas restrições pressuponham a existência de determinados fatos acoplados a juízos de prognose, o ônus da prova pertence não a quem invoca o direito".[133] No mais, *in dubio pro libertate*.

Por fim, o princípio da presunção de inocência é também dirigido ao Estado como *regra de garantia* contra as opressões tanto públicas quanto privadas. Dito de outra forma: o Estado, para concretizar o princípio da presunção de inocência, recebe do legislador constituinte o dever de adotar todas as medidas que permitam assegurar ao indiciado ou acusado tratamento digno. Ao Estado democrático, afastada a tentação do populismo penal, interessa mais a liberdade do cidadão do que a prisão de indivíduos submetidos a processos de criminalização.

Hoje, não há muita dúvida de que a prisão no curso do processo, antes do trânsito em julgado de sentença penal condenatória, é uma grave exceção (poder-se-ia dizer, distorção) no sistema acusatório (*adversary system*), em que "*prima facie* são ilegais as intervenções coativas sobre o homem",[134] e que as detenções devem ser reservadas para situações extremas em que se façam imprescindíveis. Há um evidente paradoxo percebido por Binder, pois

---

132  CANOTILHO, 2004, p. 174.
133  *Ibid.*, p. 174.
134  CORDERO, 2000, p. 392.

> o procedimento penal (judicial) existe como tal porque se presume a inocência do acusado e ninguém pode ser punido – sofrer uma pena – até que exista para tanto uma sentença condenatória firme que lhe imponha uma sanção; mas, sem embargo, não só se tolera o encarceramento durante o procedimento penal – que, para o direito violado, a liberdade de locomoção, não apresenta uma diferença substancial com a pena privativa de liberdade –, como, ademais, a quantidade de prisioneiros preventivos (processuais) aumenta de forma assustadora.[135]

Há, em toda prisão processual, como anota dentre outros Ferrajoli, uma espécie de pena antecipada a quem ainda não foi e pode nem ser condenado. E isso não pode ser naturalizado. A presunção de inocência não pode, portanto, ser entendida como uma mera declaração de intenções democráticas. Trata-se de uma norma: um mandamento constitucional direcionado a todos, ou seja, tanto aos agentes estatais como aos indivíduos que ocupam a esfera pública. Em uma democracia constitucional, a liberdade sempre será a regra e só pode ser afastada em situações excepcionais descritas em lei. Diante da norma de tratamento que atende a todos os imputados, alguns efeitos práticos que reafirmam o estado de liberdade são (ou deveriam ser) inafastáveis, dentre os quais: a prisão nunca será imposta se existir medida menos gravosa à liberdade do indivíduo capaz de afastar o risco (à ordem pública, à ordem econômica, à instrução criminal e à futura aplicação da lei penal) gerado pelo mesmo; os tribunais superiores, em razão de sua competência excepcional, não podem afastar o direito à liberdade

---

135   BINDER, 2011, p. 378.

através de medida liminar; é incabível o uso de mandado de segurança com o objetivo de obter a prisão de um indivíduo (se a liberdade é a regra constitucional, não há, por evidente, direito líquido e certo à prisão de um imputado); uma vez assegurada a liberdade por qualquer juízo através de uma decisão da qual não caiba mais recurso, a prisão não pode ser novamente decretada, salvo diante da ocorrência de um fato novo.

Diante da realidade das prisões, cada vez mais naturalizadas em razão da relativização do valor "liberdade", mais do que nunca, é preciso compreender que o princípio da presunção de inocência deve funcionar como óbice e constrangimento às tentações totalitárias (de fazer do imputado um objeto a ser manipulado pelo Estado) e às perversões inquisitoriais que levam ao encarceramento em massa da população brasileira, em especial aqueles que não interessam aos detentores do poder político e/ou econômico. Perfecto Andrés Ibáñes, com sensibilidade, afirma que:

> se, como penso, no emprego da prisão cautelar há um inevitável momento de ilegitimidade, o juiz tem que assumir esse dado na forma de uma *mala conciencia*, geradora nele de um verdadeiro mal-estar moral que torne impossível o uso cômodo e rotineiro dela. [136]

---

136 IBÁÑES, 2007, p. 147.

# 5

# PRISÃO PROVISÓRIA: PRINCÍPIOS DA LEGALIDADE E DA PROPORCIONALIDADE

No Estado Democrático de Direito, a liberdade é a regra e a prisão deve ser reservada para situações excepcionais. Devem existir, portanto, dados concretos e demonstráveis a indicar a legitimidade da restrição da liberdade. Giovanni Conso chega a afirmar que a liberdade do imputado é uma das características do sistema processual acusatório,[137] modelo em que: a) há nítida separação entre as funções de acusar e julgar; b) a "gestão das

---

[137] CONSO, 1969, p. 8.

provas" fica reservada às partes, em um salutar "duelo intelectual" entre a acusação e a defesa, com "paridade de armas" e um juiz imparcial, equidistante dos interesses em jogo (em uma posição de "não-saber" o resultado que se dará à causa). No ambiente inquisitorial, ao contrário, a prisão processual costuma ser a regra, pois se acredita/presume que o imputado, em liberdade, dificultaria a busca da verdade,[138] e que a prisão, antes mesmo do julgamento, representaria uma resposta à sociedade sedenta por vingança.

No Brasil, por força do artigo 5º, inciso LXI, da Constituição Federal, ninguém pode ser preso senão em flagrante delito ou por ordem escrita e fundamentada de autoridade judicial competente. Neste caso:

a) em decorrência de sentença penal condenatória transitada em julgado (prisão-pena); ou
b) no curso da persecução penal pré-processual (investigação preliminar) ou processual (após a propositura da ação em desfavor do imputado, mas antes do trânsito em julgado de sentença condenatória), presentes os requisitos da prisão cautelar.

A prisão "sem condenação" está adstrita tanto ao princípio da "reserva de lei" quanto ao da "reserva de jurisdição".[139] Registre-se que a prisão em flagrante e as prisões cautelares (prisão temporária e prisão preventiva) só podem ser impostas nas hipóteses previstas em lei. No Brasil, uma vez que a matéria diz respeito ao afastamento de direito fundamental (liberdade), vigora o princípio da legalidade

---

138   PRADO, 2001, p. 99.
139   TONINI; CONTI, 2011, p. 202.

estrita. Por essa razão, a legislação processual penal deve estabelecer de forma clara e precisa as hipóteses em que se admite a prisão e a "forma" como essa prisão deve se dar. De igual sorte, toda e qualquer prisão "sem condenação' está submetida ao controle jurisdicional. O juiz funciona, então, como garantidor da liberdade, que só pode ser afastada em situações extremas e enquanto persistirem os motivos que tornaram legítima sua restrição.

A decretação ou manutenção de uma "prisão sem condenação" exige um duplo juízo. Em primeiro lugar, o juiz deve exercer um juízo sobre a legalidade da prisão, isso porque as prisões estão submetidas ao princípio da legalidade estrita e as prisões ilegais devem ser imediatamente relaxadas (art. 5º, inciso LXV, da Constituição Federal), ou seja, eliminados os efeitos da restrição estatal da liberdade. Todavia, uma vez reconhecida a legalidade da prisão, cabe ao juiz exercer um juízo acerca da proporcionalidade da custódia, em especial uma análise da necessidade da manutenção da prisão cautelar.

O princípio da legalidade estrita, base do modelo garantista proposto por Ferrajoli, existe como uma técnica legislativa específica voltada a excluir, "conquanto arbitrárias e discriminatórias",[140] as convenções referidas não a fatos, mas a pessoas ou valores, bem como os conceitos abertos e indeterminados que dão margem às perversões inquisitoriais e decisionismos. É o princípio da legalidade estrita que enuncia, por exemplo, a vedação à analogia *in malam partem* (não é possível, portanto, ampliar as hipóteses de prisão provisória). Como explica Ferrajoli, enquanto a

---

140 FERRAJOLI, 2002, p. 31.

mera legalidade se limita a exigir a lei como condição necessária da pena e do delito (*nulla poena, nullum crimen sine lege*), o princípio da legalidade estrita exige todas as demais garantias como condições necessárias da legalidade penal (*nulla lex poenalis sine necessitate, sine injuria, sine actione, sine culpa, sine judicio, sine accusatione, sine defensione*). Graças ao primeiro princípio, a lei é condicionante; graças ao segundo, é condicionada.[141]

A ação de quem quer punir as pessoas que violam a lei também deve estar condicionada pela legislação. Assim, por exemplo, a ausência de comunicação imediata da prisão em flagrante ao juiz, a duração excessiva da prisão preventiva ou a restrição da liberdade de alguém que protesta contra uma decisão política geram a ilegalidade da custódia, caracterizam constrangimento ilegal e fazem com que a prisão cautelar deva ser relaxada.

O juízo acerca da necessidade da prisão cautelar (a verificação do *periculum libertatis*) é consequência da incidência do princípio da proporcionalidade que condiciona todos os atos estatais. Com pequenas variações, o princípio da proporcionalidade, desenvolvido na dogmática alemã, é nomeado de Princípio da Razoabilidade no direito estadunidense. Desde a Antiguidade cobra-se a proporcionalidade como limite ao poder, mas é na Ilustração que esse princípio adquire visibilidade. Montesquieu defendia que é "essencial que se evite mais um grande crime do que um crime menor, aquilo que agride mais a sociedade do que aquilo que a fere menos".[142] Igualmente Beccaria, em sua obra-prima *Dos*

---

141   *Ibid.*, p. 76.
142   MONTESQUIEU, 1993, p. 103.

*Delitos e das Penas*, escreveu sobre a proporção e, mais precisamente, sobre o juízo de necessidade, subprincípio da proporcionalidade.[143] Após a Segunda Guerra Mundial, aumentou a importância do princípio da proporcionalidade como exigência de racionalidade crítica (não meramente instrumental) dos atos dos agentes estatais como uma forma de evitar o retorno da barbárie.

Costuma-se apontar a Carta Magna de 1215 (mais precisamente em seus itens 20 e 21) como a origem normativa do princípio da proporcionalidade. O subprincípio da necessidade acabou consagrado no artigo 8.º, da Declaração dos Direitos do Homem e do Cidadão de 1789 ("a lei não deve estabelecer outras penas que não as estrita e evidentemente necessárias"). Segundo Nicolás Gonzáles-Cuéllar Serrano, a primeira vez que o princípio da proporcionalidade foi aplicado no campo do processo penal foi na Alemanha, em 1875, em um caso penal no qual figuravam como réus jornalistas que haviam se recusado a servir de testemunhas em processo criminal e, por essa razão, se lhes pretendia a aplicação das mesmas penas dos crimes objetos dos processos sobre os quais eles não desejaram depor. Antes dessa decisão da Corte alemã, o juízo de proporcionalidade só era exercido na esfera do Direito Administrativo como forma de controlar o poder de polícia.

Proporcionalidade deriva do latim *proportionalis*, que por sua vez se origina do termo *proportio*, e traz a ideia de correspondência entre meios e fins, entre as partes e o todo. Sugere, no plano legislativo, "a compatibilidade entre o meio empregado pelo legislador e os fins visados, bem como a aferição da legitimidade dos fins".[144] Gilmar Mendes identifica

---

143 BECCARIA, 1991, pp. 45-46 e pp. 53-55.
144 BARROSO, 1996, p. 200.

a violação à proporcionalidade como típica manifestação do excesso de poder;[145] por essa razão, uma dimensão desse princípio também é conhecida como "proibição de excesso" (*Übermaßverbot*). A outra dimensão/vertente desse princípio é a da proibição da infraproteção ou "proibição de proteção deficiente" (*Untermaßverbot*). Convém advertir, porém, que, em evidente inversão ideológica da funcionalidade dessa garantia do cidadão, o *princípio da proibição de proteção deficiente* tem sido invocado para embasar o agigantamento do Estado – em especial, do Estado Penal – em detrimento dos direitos e garantias individuais, inclusive como argumento para justificar o encarceramento em massa da população brasileira. Em um direito democrático, a proibição de uma proteção deficiente não pode servir de pretexto também para uma ampliação de normas criminalizadoras, sem qualquer necessidade, de modo a apenas justificar políticas públicas. Não se deve olvidar, por outro lado, que não há uma demonstração empírica de que o emprego da pena criminal protege bem jurídico.

A atuação das diversas agências estatais deve se dar dentro dos limites da normatividade constitucional e exige-se de todos os atos estatais a proporcionalidade. Há relativa liberdade de conformação, mas sempre dentro de limites, por vezes, como nos casos de persecução penal, bem restritos. O legislador, o administrador e o julgador não têm um "cheque em branco", uma autorização ilimitada, que lhes permita atuar da maneira que bem entenderem. Os agentes estatais estão submetidos sempre, e sempre, ao princípio da legalidade, mas não à legalidade rasteira e sim à legalidade constitucionalmente adequada. Percebe-se, pois, que

---

145   MENDES, 2004, p. 47.

legalidade e proporcionalidade estão intimamente ligadas. Na atual quadra, já se fala em um princípio da reserva legal proporcional (*Vorbehalt des verhältnissmässigen Gesetzes*). O princípio da proporcionalidade, nesse quadro, aparece como parte do instrumental destinado à conformação da atuação dos agentes públicos ao projeto constitucional. Costuma-se afirmar que o princípio da proporcionalidade (*Verhältnissmässigkeitsgrundsatz*), decorrência lógica do Estado Democrático de Direito (art. 1º, da Constituição), está previsto implicitamente no artigo 5.º, *caput*, da Constituição Federal. Trata-se, sem dúvida, de uma das manifestações do princípio do devido processo legal substancial. Aliás, o princípio surge e se desenvolve ligado à garantia do devido processo legal.[146] No direito alemão, diz-se que se trata de uma norma constitucional não escrita. A proporcionalidade/razoabilidade é, portanto, inerente ao Estado de Direito, enquanto a racionalidade crítica é necessária ao Estado Democrático. Uma das marcas do Estado Democrático de Direito é justamente a racionalidade (razoabilidade/proporcionalidade) de seus atos, em uma perspectiva crítica, ou seja, que parta de um diagnóstico preciso da situação para permitir ações estatais voltadas em uma direção emancipatória, isto é, de realização do projeto constitucional de vida digna para todos.

Pode-se afirmar que a aparição do princípio da proporcionalidade

> se dá a título de garantia especial, traduzida na exigência de que toda a intervenção estatal nessa esfera se dê por necessidade, de forma adequada e na justa medida, objetivando

---

[146] BARROSO, 1996, p. 200.

a máxima eficácia e otimização dos vários direitos fundamentais concorrentes.[147]

Barroso, por sua vez, aponta que ele "é um parâmetro de valorização dos atos do poder público para aferir se eles estão informados pelo valor superior inerente a todo ordenamento jurídico, a justiça".[148] Não por acaso, há quem sustente que o princípio da proporcionalidade funciona como um princípio (um "superprincípio") que condiciona os demais princípios (a ponto de ser usado, inclusive, na superação do conflito entre princípios). Essa é uma ideia do pragmatismo, que deve ser sopesada em consonância com a proteção da liberdade.

No Estado Democrático de Direito, que se caracteriza pela existência de limites rígidos ao exercício do poder, qualquer medida estatal que afete direitos fundamentais deve ser objeto de um juízo de compatibilidade com o princípio da proporcionalidade. Hoje, portanto, todo ato estatal (jurisdicional, legislativo ou administrativo), em especial aqueles cuja generalidade e abstração podem facilitar o arbítrio, deve se submeter a um duplo juízo de proporcionalidade:

a) primeiro, o ato deve ser verificado, à luz da proporcionalidade, em abstrato;
b) depois, o juízo de proporcionalidade deve recair sobre o ato em concreto. [149]

---

147  *Ibid.*, p. 85.
148  *Ibid.*, p. 128.
149  MENDES, 2004, pp. 69-72.

Cabe à Agência Judicial esse duplo controle de constitucionalidade (em abstrato e diante do caso concreto), de início, mediante o exercício do controle difuso de constitucionalidade (análise da compatibilidade de um ato ou lei com a normatividade constitucional), sempre que um ato estatal for posto à sua apreciação. Busca-se, dessa forma, atender à "essência e destinação do princípio da proporcionalidade: preservar os direitos fundamentais".[150] O princípio da proporcionalidade, em suma, revela "um parâmetro de valoração dos atos do Poder Público para aferir se eles estão informados pelo valor superior inerente a todo o ordenamento jurídico: a justiça".[151]

O princípio da proporcionalidade, que foi desenvolvido pela teoria constitucional alemã, costuma ser constituído de três princípios parciais, de aplicação sucessiva e complementar:

a) princípio da adequação;
b) princípio da necessidade;
c) princípio da proporcionalidade em sentido estrito (ou do sopesamento).

Trata-se de uma única exigência, proporcionalidade/razoabilidade, razão pela qual a aplicação desses princípios parciais (subprincípios) tem que se dar de forma sucessiva e cumulativa.

O princípio da adequação enuncia a obrigatoriedade de um juízo de verificação acerca da relação entre o meio empregado e o fim visado. A *adequação* consiste na

---

150 GUERRA FILHO, 2005, p. 84.
151 BARROSO, 1996, p. 204.

necessidade, dentro do faticamente possível, do instrumento processual corresponder aos fins a que se destina (relação meio-fim). O meio é adequado se, em razão dele, for possível chegar ao resultado desejado. Em resumo, o meio escolhido para o ato estatal deve se prestar ao fim desejado. A prisão antes do trânsito em julgado de sentença penal condenatória deve ser o meio adequado ao afastamento do risco processual (a "prisão" deve assegurar a eficácia prática do processo de conhecimento penal e/ou da execução penal). Ao se analisar a adequação da prisão cautelar em uma situação concreta cabe indagar: a prisão cautelar é o meio adequado (dentre todos aqueles à disposição do Estado) para afastar o risco processual? A prisão é o meio adequado a assegurar a instrução criminal, a futura aplicação da lei penal ou a ordem pública/econômica?

A *necessidade* (ou *exigibilidade*), por sua vez, consiste na imprescindibilidade do instrumento processual aos fins a que se destina. Viola-se o subprincípio da necessidade/exigibilidade sempre que se possa contar com outra medida menos lesiva à liberdade do imputado capaz de satisfazer o objetivo que fundamenta a medida questionada. Nesse quadro, não deve existir a possibilidade de adoção de medida menos gravosa do que a adotada em concreto (relação custo-benefício); trata-se do *princípio da menor ingerência possível*. Na lição de Mendes, "o subprincípio da necessidade (*Notwendigkeit oder Erforderlichkeit*) significa que nenhum meio menos gravoso para o indivíduo revelar-se-ia igualmente eficaz na consecução dos objetivos pretendidos".[152] Assim, é desnecessária a decretação da prisão preventiva do réu para assegurar a aplicação da lei penal se existe outro

---

152  MENDES, 2004, p.50.

meio menos gravoso à liberdade do indivíduo (esse é o sentido do rol previsto no art. 319 do CPP de medidas cautelares diversas da prisão, tais como o comparecimento periódico em juízo e a proibição de manter contato com a vítima) de garantir a incidência das normas penais e afastar o risco processual. No processo penal brasileiro, o legislador aponta as hipóteses em que a prisão deve ser tida por necessária. Em princípio, a prisão é necessária se há o *periculum libertatis*, explicitado no artigo 312, *caput*, do CPP.

Como ensina Juarez Cirino dos Santos, "o princípio da adequação e o princípio da necessidade têm por objeto a otimização das possibilidades da realidade",[153] isto é, o necessário controle judicial da proporcionalidade da medida processual se dará com vistas e limitado à realidade sensível. O princípio da *proporcionalidade em sentido estrito*, por sua vez, opera no plano jurídico, ou seja, busca "a otimização das possibilidades jurídicas".[154] Trata-se de "um controle de sintonia fina (*Stimmigkeitskontrolle*), indicando a justeza da solução encontrada ou a necessidade de sua revisão".[155] A proporcionalidade em sentido estrito consiste, portanto, na ponderação dos interesses em jogo sob o aspecto jurídico. Dito de outra forma: os meios e os fins da medida processual devem mostrar-se harmônicos com as diretrizes jurídicas, com as regras e com os princípios que constituem o ordenamento jurídico; na lição de Barroso, é a ponderação entre "os danos causados e os resultados a serem obtidos".[156] Mostra-se, por exemplo, proporcional o afastamento da garantia da privacidade sempre que a interceptação das comunicações

---

153 SANTOS, 2006, p. 27.
154 *Ibid.*, p. 27.
155 MENDES, 2004, p. 51.
156 BARROSO, 1996, p. 208.

telefônicas for o único meio à descoberta da autoria e/ou à cessação da prática de um crime investigado.

Convém observar, por outro lado, que o conceito de proporcionalidade não pode se afastar de um procedimento analógico, pelo qual a regra jurídica ou o ato estatal é confrontado com os objetos que pretende regular ou alcançar, em face da tensão e das diferenças que entre si apresentam. Já na filosofia grega, Heráclito assinalava como se deveria equacionar a relação entre o ser humano adulto, a criança e Deus, de tal modo a engendrar, a partir da proporcionalidade dessa relação, um processo de diferenciação.[157] A questão que sempre se colocou é se a proporcionalidade está vinculada aos objetos empíricos ou às formas de sua compreensão. Refletindo sobre esse tema, Kant tratava a relação de proporcionalidade não como meio de extensão do conhecimento, mas sim como mais uma forma de seu esclarecimento. A proporcionalidade, portanto, funciona também como um elemento superador da credulidade. A analogia integrativa dessa proporcionalidade não se destinava, portanto, à delimitação dos objetos; o que lhe competia era a compreensão da realidade e das regras que disciplinavam os objetos a partir da linguagem.[158] A partir de uma visão realista do processo penal, a análise da relação de proporcionalidade não pode ficar adstrita às regras ou normas, senão deve alcançar também os dados fáticos ou os objetos que essas mesmas regras visam disciplinar. Todo o procedimento de aferição da imputação, centrada na teoria do risco, por exemplo, deve estar vinculado aos dados da realidade empírica, sem os quais não se pode estabelecer

---

157 LORENZ, 2004, p. 509.
158 KANT, 2004, § 57.

os graus de diferenciação das diversas condutas, nem aferir a necessidade da imposição de medidas restritivas de liberdade. Por outro lado, a relação de proporcionalidade, mesmo referida às regras ou normas, não se resume a uma equação matemática. Uma vez que as normas têm por objeto condutas humanas, a proporcionalidade entre a imposição de medidas por elas previstas, como a prisão preventiva, e a conduta concreta, provisoriamente apontada como criminosa, deve estar subordinada a uma hierarquia axiológica, pela qual se projeta como valor máximo a preservação da dignidade da pessoa humana.

A subordinação axiológica da proporcionalidade à proteção da dignidade da pessoa humana impede que os juízos preventivos passem a exercer um papel, simplesmente, de preservação da ordem, da "segurança pública" (percebida como uma mercadoria) ou dos interesses políticos dos grupos dominantes, da mídia corporativa e mesmo dos integrantes do Ministério Público e do Judiciário. Nesse sentido, deve-se assegurar sempre ao imputado a prática de atos de contenção dos procedimentos preventivos. Como diz Jörn Müller, "o direito de defesa tem essencialmente por objetivo a proteção da liberdade pessoal de ação e a constituição de uma esfera privada do indivíduo, que não pode ser objeto de intervenção sem um bom motivo, de modo a privilegiar a oposição a atos arbitrários, os quais interferem profundamente na periclitação e lesão da dignidade humana".[159]

A consequência da aplicação desse princípio na disciplina da prisão cautelar, na lição de Marcelo A. Solimine, é que:

---

159   MÜLLER, 2011, p. 112.

> a violência que se exerce como medida de coerção nunca pode ser maior do que a violência que poderá eventualmente ser usada mediante a aplicação da pena, no caso de se provar o delito em questão, sendo os juízes que devem determinar esse equilíbrio.[160]
>
> Isso, por evidente, [...] para impedir que o processo de persecução penal signifique para o imputado uma intervenção mais gravosa na sua vida do que a possível condenação.[161]

Assim, por exemplo, se dados concretos indicam a probabilidade de que ao término do processo, após cognição exauriente, não se irá impor ao acusado uma pena privativa de liberdade, vedada está a imposição de prisão cautelar, mesmo que se esteja diante de risco processual extremo. Neste caso, para se evitar a violação do princípio da proporcionalidade, só poderão ser aplicadas, na tentativa de eliminar o risco processual, medidas processuais alternativas à prisão cautelar.

Em resumo: para a verificação da submissão da prisão cautelar ao princípio da proporcionalidade faz-se necessário um exame analítico, trifásico, da presença de cada um dos subprincípios (ou princípios parciais), isto é, impõe-se a presença conjunta da adequação (idoneidade), da necessidade (exigibilidade) e da proporcionalidade em sentido estrito. Apenas após se constatar que o ato obedeceu a cada um dos princípios parciais é que se pode tê-lo como proporcional. Portanto, pode-se acompanhar a lição de Willis Santiago Guerra Filho para aduzir que "uma medida é adequada, se atinge o fim almejado, exigível, por causar o menor prejuízo possível,

---

160 SOLIMINE, 2003, p. 33.
161 *Ibid.*, p. 33.

e, finalmente, proporcional em sentido estrito, se as vantagens que trará superarem as desvantagens".[162] Por evidente, a adoção de uma medida processual desarrazoada afronta a finalidade do processo penal e do próprio Estado. Vale insistir: qualquer medida processual penal só pode ser validamente adotada na extensão e profundidade necessárias ao fim legal a que se destina. Ao contrário, qualquer ato processual que ultrapasse o necessário para atingir o objetivo legal configura abuso/excesso e, portanto, é ilegítimo e, por vezes, criminoso.

Todavia, o princípio da proporcionalidade, não raro, tem sido utilizado para justificar *decisionismos*, ou seja, a vontade/capricho do julgador tem aparecido em grande número de decisões travestido de proporcionalidade, de ponderação entre os valores em jogo na causa (assim, por exemplo, justifica-se uma prisão cautelar pela necessidade de se garantir o interesse abstrato da sociedade – ou o valor segurança pública – que deve se sobrepor aos interesses concretos do réu). Aqui, cabe a advertência de Dworkin: só é possível ponderar interesses da mesma densidade. Assim, impossível considerar que o interesse abstrato da sociedade (segurança da coletividade, por exemplo) deve se sobrepor a um interesse concreto individual. Caso contrário, ter-se-ia o aniquilamento de todos os direitos e garantias individuais em nome da prevalência do interesse (abstrato) de toda a coletividade (essa distorção acontecia, por exemplo, na Itália fascista e na Alemanha nazista).

Por conseguinte, a força normativa do princípio da proporcionalidade condiciona a disciplina da prisão provisória ("prisão sem condenação") de diversas maneiras. Em primeiro lugar, impede a imposição ou a manutenção

---

162 SANTIAGO FILHO, 1989, p. 7.

do encarceramento sempre que existir medida menos gravosa que afaste o risco processual (*periculum*). Segundo: a prisão provisória, após mera cognição sumária, não pode ser aplicada nas hipóteses em que, após cognição exauriente (encerrado o processo), não se admitir a imposição de pena privativa de liberdade. Por fim, a proporcionalidade limita a duração da prisão provisória, que não poderá persistir por mais tempo do que aquele previsto em abstrato para o cumprimento da pena em regime fechado, correspondente ao delito que se atribui ao custodiado. Dito de outra forma, a duração da prisão processual não poderá ultrapassar o montante da pena, que hipoteticamente se aplicará e será cumprida em regime fechado (visto que a prisão cautelar se dá nas mesmas condições da prisão-pena em regime fechado). Na realidade, a custódia provisória não deve durar tempo superior àquele necessário para que o acusado, na hipótese de sua condenação, obtenha o direito à progressão de regime ou a alguma das medidas penais alternativas à prisão previstas para a execução da pena (por exemplo, suspensão condicional, livramento condicional).

Percebem-se, portanto, duas funções do princípio da proporcionalidade na disciplina da prisão provisória:

a) a função impeditiva, pois obsta à decretação da prisão cautelar;
b) a função limitadora, à medida que restringe a duração da custódia.

# 6

# ESPÉCIES, PRESSUPOSTOS, REQUISITOS E CARACTERÍSTICAS DAS PRISÕES PROVISÓRIAS

Ao lado da prisão-pena, que supõe o trânsito em julgado (a irrecorribilidade) de sentença ou acórdão condenatório, estão previstas no ordenamento processual penal brasileiro as chamadas prisões provisórias: a prisão em flagrante e as prisões cautelares (prisão preventiva e prisão temporária). A provisoriedade traduz a limitação da constrição pessoal no tempo, isso porque essa espécie de prisão atende a situações concretas que uma vez modificadas interferem sobre a duração da medida.

As prisões provisórias, segundo a doutrina, giram em torno de dois requisitos, a saber: o *fumus commissi delicti* (presente em todas as espécies de prisão provisória) e o *periculum libertatis* (presente nas prisões cautelares). O primeiro exige que a prisão provisória tenha como destinatário um sujeito em desfavor do qual pesem consistentes indícios da prática de um crime; o segundo, por sua vez, liga-se à finalidade cautelar da custódia e torna legítimo o encarceramento apenas nas hipóteses em que a liberdade do imputado (aquele a quem se atribui a prática de um delito) coloque em risco a eficácia prática do processo de conhecimento ou da execução penal. Para alguns autores, o *periculum libertatis* (nos termos utilizados no art. 312 do CPP: o "perigo gerado pelo estado de liberdade do imputado") seria mais bem classificado como o fundamento da decretação e da manutenção das prisões cautelares.

Importante perceber que, para a decretação e manutenção de uma prisão provisória, não basta um quadro de dúvida acerca dos indícios de autoria, da materialidade ou do perigo gerado pelo estado de liberdade do imputado. Não é suficiente, por exemplo, eventual dúvida sobre a existência, ou não, de indícios da autoria de um determinado delito, exige-se a presença de prova da materialidade e de indícios suficientes dessa autoria que devem ser explicitados na decisão que decreta a prisão. Não há que se argumentar que, por ocasião tanto do julgamento do pedido de prisão quanto do dever de revisar periodicamente a necessidade da sua manutenção, prevalece o interesse da sociedade em restringir a liberdade de um indivíduo apontado como autor de um crime (em atenção ao adágio autoritário *in dubio pro societate*). A liberdade concreta de um indivíduo não pode ser afastada em nome de um interesse abstrato da sociedade. Nas democracias constitucionais, impõe-se o primado da liberdade sobre as abstrações pensadas para justificar o encarceramento.

Vale destacar também que os requisitos para a decretação de uma prisão são substancialmente distintos dos requisitos para um juízo condenatório (a declaração judicial da ocorrência de um crime e de sua autoria). Estes, só se revelarão, ou não, após a produção e a análise racional do conjunto probatório. Para a decretação de uma prisão cautelar não é necessária a existência de prova cabal da autoria: exige-se a demonstração concreta da materialidade, de indícios suficientes de autoria e do perigo gerado pela liberdade do imputado. Impõe-se, pois, um quadro de certeza decorrente da demonstração racional da existência concreta dos requisitos da prisão provisória.

No Brasil, cabe ao Poder Judiciário o controle da legalidade e da proporcionalidade/necessidade das prisões provisórias. A Agência Judicial, como garantidora da liberdade individual, deve evitar qualquer automatismo na decretação ou manutenção de prisões provisórias, excepcionais por natureza, uma vez que essas medidas de constrição pessoal só podem atender aos requisitos de legitimidade se for possível conjugar a exigência cautelar (*periculum libertatis*) com um juízo de probabilidade acerca da hipótese do imputado ser o autor de um fato típico, ilícito e culpável.[163]

A primeira espécie de prisão provisória autorizada pela Constituição Federal é a *prisão em flagrante*. Trata-se da restrição à liberdade imposta por qualquer do povo àquele indivíduo que se encontra nas hipóteses de "flagrância" definidas por lei e homologadas por autoridade policial. Flagrância, por definição, é o momento em que ocorre ou

---

163  GREVI, 2010, p. 395.

acabou de ocorrer um delito, o que forneceria uma espécie de indício da existência e da autoria de um crime ou de uma contravenção penal (um estado de crença – "certeza visual" – acerca da existência e da autoria de um delito). A prisão em flagrante é uma medida de natureza administrativa que tem por finalidade, como ensina Gustavo Badaró, "evitar a prática criminosa ou deter o seu autor e, de outro, tutelar a prova da ocorrência do crime e de sua autoria".[164] Trata-se de ato complexo que engloba dois atos parciais, a prisão--captura e a lavratura do auto de prisão em flagrante.

A prisão-captura consiste no ato de fazer cessar, se for o caso, a violação ao bem jurídico, capturar aquele sujeito identificado como o autor da conduta ofensiva e levá-lo à presença da autoridade policial. Como se trata de um ato complexo, sua legalidade está condicionada não apenas à captura, como forma de evitar a lesão do bem jurídico, mas também, necessariamente, à condução do preso à autoridade policial. Não se aperfeiçoando essa última etapa do procedimento cautelar, haverá abuso de autoridade ou sequestro, caso, respectivamente, o autor da prisão seja policial ou qualquer do povo. A lavratura do auto de prisão em flagrante, por sua vez, é um ato formal, com requisitos previstos no CPP, de atribuição da autoridade policial do local em que ocorrer a prisão-captura (note-se que, para a delimitação dessa atribuição, independe o local da prática do fato rotulado de criminoso). A autoridade policial responsável pela lavratura desse auto, o delegado de polícia, exerce o primeiro juízo acerca da legalidade do ato de captura. Há na doutrina, também, quem vislumbre um terceiro ato parcial necessário à configuração da prisão em flagrante:

---

164   BADARÓ, 2012, p. 722.

a chamada "prisão-detenção". Esta consiste no recolhimento do conduzido ao cárcere após a lavratura do auto de prisão em flagrante. Está claro que, não se "livrando solto" (o indiciado "se livra solto" em flagrante de crime para o qual não exista a previsão de pena privativa de liberdade), o preso deve ficar à disposição dos órgãos estatais encarregados da custódia e não de qualquer autoridade ou particular.

A legitimidade para o ato de prisão-captura é de qualquer do povo. Isso porque se aposta no interesse coletivo na preservação do contrato social, mito liberal-burguês que se apresenta à sustentação do direito penal liberal. Na doutrina preocupada com a classificação dos fenômenos, e a partir da redação do artigo 301 do CPP de 1941, costuma-se distinguir essa espécie de prisão em *flagrante facultativo,* na medida em que qualquer do povo tem a faculdade de praticar o ato de captura, e *flagrante obrigatório,* em razão do dever jurídico da autoridade policial e de seus agentes de prender quem se encontre em situação de flagrante. Em razão da incidência do princípio da legalidade existe o dever dos agentes policiais de fazer a prisão-captura de qualquer pessoa em flagrante delito.

Note-se que a lavratura do auto de prisão em flagrante (APF) é um ato formal pautado pelo princípio da legalidade estrita, isso para evitar (ou, ao menos, reduzir) o arbítrio, os preconceitos e as perversões inquisitoriais da autoridade policial e de seus agentes. Nesse documento, por exemplo, deve constar o termo de oitiva do condutor da prisão, de duas testemunhas presenciais (se não existirem testemunhas presenciais, poderão ser ouvidas testemunhas de apresentação do preso) e do conduzido (art. 304, do CPP). Ainda segundo o CPP, se o conduzido não souber ler, o auto de prisão em flagrante deverá ser assinado por duas testemunhas de leitura desse documento (art. 304, § 3º, do CPP). Por evidente, como manifestação do direito à ampla defesa e em atenção ao artigo 5º, inciso LXIII, da Constituição Federal, o conduzido pode exercer o direito de permanecer em silêncio perante a autoridade policial, não importando seu silêncio em admissão do fato ou de culpa.

Com razão, Badaró afirma que "as formalidades do auto de prisão em flagrante são sacramentais e constituem elementos essenciais do ato, cuja inobservância acarreta a nulidade do auto".[165] Registre-se, porém, que eventuais atipicidades do auto de prisão em flagrante geram a ilegalidade da prisão e tornam necessário o restabelecimento da liberdade de locomoção do imputado (relaxamento da prisão), embora não impeçam que os elementos constantes dessa peça sirvam à formação da convicção de agentes estatais acerca da materialidade de um crime e de indícios de sua autoria.

Na tradição do direito brasileiro, cabe ao legislador infraconstitucional estabelecer as hipóteses de flagrância que autorizam a prisão por qualquer do povo. É importante, porém, ter em mente que o significante "flagrante" (de *flagrans*) leva à ideia de fogo, crepitação, de algo manifesto, ainda ardendo em razão do fogo/delito e, sobretudo, evidente. Evidente, por definição, é o que o senso comum considera que independe de prova. A evidência, porém, choca-se com a concepção democrática do processo penal, uma vez que o devido processo legal existe para constranger "evidências" e desestabilizar "certezas", exigindo a demonstração racional da ocorrência e da autoria de uma conduta com relevância penal. A velha definição de "flagrante" como "certeza visual do delito", portanto, não mais se sustenta à luz do devido processo penal.

---

165   *Ibid.*, p. 726.

De forma casuística, o legislador infraconstitucional descreveu as situações em que a prisão independe de ordem escrita e fundamentada da Agência Judicial. Nos termos do artigo 302 do CPP, considera-se em flagrante delito quem:

a) "está cometendo a infração penal" (inciso I);
b) "acaba de cometê-la" (inciso II);
c) "é perseguido, logo após, pela autoridade, pelo ofendido ou por qualquer pessoa, em situação que faça presumir ser autor da infração" (inciso III);
d) "é encontrado, logo depois, com instrumentos, armas, objetos ou papeis que façam presumir ser ele autor da infração" (inciso IV).

Percebe-se, pois, que o legislador privilegiou os fatores "temporal" e "visual" ao definir as situações de flagrante.

Há, então, nas hipóteses de prisão de "quem está cometendo a infração penal" ou "acaba de cometê-la" verdadeiras situações de flagrância, ou seja, de um quadro fático que, na perspectiva do Estado-Administração, merece o rótulo de "evidência" (na realidade, uma ilação em favor da imputação) acerca da existência de um crime e de sua autoria (por isso, na doutrina brasileira, costuma-se apontar que essas são hipóteses de "flagrante próprio").

Por outro lado, nos casos de prisão em razão do imputado ter sido "perseguido, logo após, pela autoridade, pelo ofendido ou por qualquer pessoa, em situação que faça presumir ser autor da infração" (o chamado "quase flagrante") ou ter sido "encontrado, logo depois, com instrumentos, armas, objetos ou papeis que façam presumir ser ele autor da infração" ("flagrante presumido") não há um verdadeiro quadro de flagrância, isto é, de evidência acerca da existência de um crime ou de sua autoria. Em que pese existir controvérsia doutrinária e jurisprudencial, ao que parece, nas descrições encontradas nos incisos III ("quase flagrante" ou "flagrante impróprio") e IV ("flagrante presumido") do CPP, o legislador infraconstitucional alargou indevidamente as hipóteses de prisão sem ordem judicial, à medida que ultrapassou os limites semânticos impostos pelo significante "flagrante" encontrado na Constituição Federal.

Todavia, os tribunais brasileiros têm reconhecido a legitimidade das prisões em razão de hipóteses de "quase flagrante" e de "flagrante presumido". No inciso III do artigo 302, do CPP, ao prever a hipótese de "quase flagrante", o legislador ao utilizar a expressão "logo após" pretendeu que não existisse "solução de continuidade entre o cometimento do delito e o início da perseguição",[166] sem importar o tempo de duração da perseguição (em sentido contrário, por todos: André Nicolitt).[167] No inciso IV, do mesmo dispositivo legal, não há necessidade de perseguição, mas o sujeito deve ser encontrado, logo depois, com objetos que façam presumir ser ele o autor do delito. Não há razão para se reconhecer diferença substancial entre as expressões "logo após" (inciso III) e "logo depois" (inciso IV), uma vez que ambas estão a indicar uma "relação de imediatidade", como salienta Fernando Tourinho Filho,[168] embora outros autores tentem argumentar que o "lapso de tempo da expressão *logo depois* é maior do que a expressão *logo após*".[169]

---

166  Ibid., p. 723.
167  NICOLLIT, 2012, p. 439.
168  TOURINHO FILHO, 2006, p. 603.
169  RANGEL, 2009, p. 693.

É de se salientar, ademais, que não cabe prisão em flagrante em face de simples atos preparatórios,[170] nem de pessoas que não possam ser objetos de persecução penal, como crianças e adolescentes. A Lei 8.069/90 (Estatuto da Criança e do Adolescente) dispõe expressamente em seu art. 107 que "A apreensão de qualquer adolescente e o local onde se encontra recolhido serão incontinenti comunicados à autoridade judiciária competente e à família do apreendido ou à pessoa por ele indicada". Questão ainda controvertida diz respeito à detenção de inimputáveis, por força de transtorno mental (doença mental) ou desenvolvimento mental incompleto ou retardado. A doutrina tradicional segue a linha do antigo Código Rocco, prevendo para esses a imposição de medida de segurança, como resposta penal, o que implicaria reconhecer a legalidade da restrição da liberdade. Ocorre, porém, que depois da Lei da Saúde Mental (Lei 10.216/01) devem ser tidos como revogados os dispositivos do Código Penal, que previam a internação compulsória dos inimputáveis (art. 96, I; 97, primeira parte; 97, §1º; 97, § 4º e 98). A nova lei dispõe expressamente que a "internação, em qualquer de suas modalidades, só será indicada quando os recursos extra-hospitalares se mostrarem insuficientes" (art. 4º), bem como que "o tratamento visará, como finalidade permanente, a reinserção social do paciente em seu meio" (art. 4º, § 1º), de tal modo que "o tratamento em regime de internação será estruturado de forma a oferecer assistência integral à pessoa portadora de transtornos mentais, incluindo serviços médicos, de assistência social, psicológicos, ocupacionais, de lazer, e outros" (art. 4º, § 2º). É, portanto, "vedada a internação de pacientes portadores de transtornos mentais em instituições

---

170   ROXIN; SCHÜNEMANN, 2009, p. 233.

com características asilares, ou seja, aquelas desprovidas dos recursos mencionados no § 2º e que não assegurem aos pacientes os direitos enumerados no parágrafo único do art. 2º" (art. 4º, § 3º). Em face dessas disposições, os inimputáveis devem merecer o mesmo tratamento conferido a crianças e adolescentes, não se lhes podendo impor uma prisão em flagrante, senão uma apreensão com todas as garantias que lhes podem ser asseguradas.

Existem outras situações especiais relacionadas à prisão em flagrante, tais como:

a) flagrante preparado ("provocado", a gerar um "delito putativo por obra do agente provocador"): esse fenômeno caracteriza-se por ser um simulacro no qual o agente, desconhecendo o contexto, encontra-se em situação na qual é incapaz de colocar em risco o bem jurídico protegido pela norma penal. A prisão, neste caso, é ilegal (nesse sentido: Súmula nº 145 do STF), porquanto o "flagrante" ocorre apesar da impossibilidade de consumação do delito, uma vez que toda a ação foi induzida, instigada e controlada por terceiro (provocador) com o objetivo de prender o agente (provocado);

b) flagrante esperado: trata-se de fenômeno no qual terceiros, em regra agentes policiais, ao terem notícia de que uma conduta rotulada de criminosa poderá será praticada, adotam providências (por exemplo, vigiam o lugar apontado) para prender em flagrante aquele(s) envolvido(s) com a empreitada criminosa. Aqui, como se percebe, não há agente provocador. O "flagrante esperado" pode ser legítimo, desde que a conduta dos terceiros responsáveis pela prisão do agente não exclua por completo o risco de violação ao bem jurídico protegido pela norma penal (se inexistir o risco, estar-se-á diante de hipótese de *crime impossível* tal qual no "flagrante preparado");

c) flagrante diferido (ou retardado): tem-se aqui um instrumento destinado ao combate do crime organizado (a chamada "ação controlada" introduzida pela Lei nº 9.034/1995), importado acriticamente do direito estrangeiro, de duvidosa legalidade/constitucionalidade. Pretendia-se, com esse instituto, permitir que a prisão não ocorresse no momento da situação flagrancial, ou seja, que a prisão fosse retardada, permitindo a violação do bem jurídico protegido pela norma, para "se concretizar em momento mais eficaz do ponto de vista da formação de provas e fornecimento de informações" (art. 2º, inciso II, da Lei nº 9.034/1995). Todavia, para além da questão ética que impediria agentes estatais de não agirem diante de um quadro de flagrante, há também um óbice legal de natureza constitucional que inviabiliza prisões sem ordem judicial, a não ser em situações de flagrante. Assim, a razão parece estar com aqueles que defendem que o "flagrante diferido" (e esse nome revela-se inadequado) não deve ser considerado uma nova modalidade ou hipótese de prisão em flagrante, mas tão somente uma autorização legal, a partir de uma perspectiva utilitarista (de ampliação da eficácia da investigação), para que a autoridade policial e seus agentes deixem de efetuar a prisão em situações de flagrante;

d) prisão em flagrante nos crimes permanentes e habituais. Nos crimes permanentes (por exemplo, o delito de sequestro), o momento consumativo se protrai no tempo, logo, nos termos do artigo 303 do CPP, "entende-se o agente em flagrante delito enquanto não cessar a permanência". A prisão em flagrante, pois, pode se dar em qualquer momento enquanto não cessar a permanência. Já em relação aos delitos habituais (por exemplo, o exercício ilegal de profissão de médico), em que a configuração típica exige uma série de atos, que, isolados, se revelam indiferentes penais, tem prevalecido o entendimento de que a prisão em flagrante é impossível, uma vez que só os atos isolados podem ser visualizados, o que torna incerto afirmar a existência de infração penal.[171] Em sentido contrário, Nicolitt sustenta que "embora de difícil ocorrência, é possível a prisão em flagrante quando estiverem presentes fatos que indiquem a habitualidade", como, por exemplo, a existência de uma estrutura física explicitamente direcionada à pratica habitual desses atos (o falso médico mantém consultório aparelhado para receber pacientes);[172]

e) prisão em flagrante nos crimes de ação penal de iniciativa privada ou pública condicionada à representação. Nesses casos, a lavratura do auto de prisão em flagrante está condicionada à representação (nas ações penais condicionadas à representação) ou ao requerimento (na ação de iniciativa privada) da vítima. Todavia, a prisão-captura não está vedada e deve ser concretizada sempre que necessária a fazer cessar a lesão e assegurar o direito da vítima. Como a vítima, nesses casos, não se poderia socorrer de um chamado direito de autoajuda, ficaria desprotegida por força de uma simples regra procedimental.[173]

---

171  MARQUES, 1997, p. 89; BADARÓ, 2012, p. 724; RANGEL, 2009, pp. 696-697; TOURINHO FILHO, 2001, p. 438.
172  NICOLITT, 2012, p. 441.
173  ROXIN; SCHÖNEMANN, 2009, p. 234.

A prisão em flagrante, como já se viu, não é um ato jurisdicional, embora sujeito a controles de legalidade. Trata-se de medida precária, que engloba a prisão-detenção de um indivíduo e a formalização desse ato (lavratura do Auto de Prisão em Flagrante), de natureza administrativa, que deve imediatamente ser levada ao conhecimento do Poder Judiciário (uma vez que a privação de liberdade é matéria que deve ser submetida não só ao princípio da reserva de lei como também ao princípio da reserva de jurisdição). Nos termos do artigo 5º, inciso LXII, da Constituição Federal, a "prisão de qualquer pessoa e o local onde se encontre serão comunicados imediatamente ao juiz competente e à família do preso ou à pessoa por ele indicada". Em face da exigência constitucional de uma dupla comunicação da prisão, a omissão, nesse dever, leva à ilegalidade da prisão; portanto, o juiz competente deve deixar de homologar o auto de prisão em flagrante e relaxar a prisão em razão da ilegalidade formal observada. De igual sorte, a legislação infraconstitucional determina que a prisão em flagrante deve ser comunicada ao Ministério Público e à Defensoria Pública. Se não existir comunicação imediata ao juiz competente, ao Ministério Público, à Defensoria Pública, à família do preso ou a pessoa por ele indicada, seja em razão da violação de normas constitucionais, seja em razão da violação de normas infraconstitucionais, impõe-se o relaxamento da prisão ilegal.

Note-se que a "imediata comunicação da prisão" (prevista tanto no artigo 306, *caput*, do CPP, como em tratados internacionais) não se confunde necessariamente com o envio do auto de prisão em flagrante ao juízo, no prazo máximo de vinte e quatro horas (art. 306, §1º, do CPP), para a necessária análise da legalidade e da necessidade da custódia, o que poderá resultar na jurisdicionalização da prisão com a conversão da prisão em flagrante (pré-cautelar) em prisão preventiva (cautelar). Hoje, entende-se que essa "imediata comunicação" pode se dar por telefone, e-mail, mensagem de Whatsapp etc.[174]

Outrossim, o preso também "tem direito à identificação dos responsáveis por sua prisão ou por seu interrogatório policial" (art. 5º, inciso LXIV, da Constituição Federal), o que se dá, em certa medida, através da *nota de culpa*. Esta é o documento, assinado pela autoridade responsável pela lavratura do auto de prisão em flagrante, no qual se explicita o motivo da prisão, o nome das testemunhas e do condutor. Trata-se de uma garantia de transparência dos atos estatais. Outra garantia do imputado preso em flagrante, já prevista no artigo 7.5 da Convenção Americana de Direitos Humanos (CADH) é o de ser conduzido, sem demora, à presença de uma autoridade judicial. Para tanto, também o legislador brasileiro introduziu mudanças na legislação para consagrar a chamada "audiência de custódia".

Em atenção ao artigo 310 do CPP, após receber o auto de prisão em flagrante, no prazo máximo de até 24 horas após a realização da prisão-captura, o juiz deverá promover a "audiência de custódia", com a presença do imputado, seu advogado constituído ou de defensor público, bem como do membro do Ministério Público. Nessa audiência, sempre através de decisões devidamente fundamentadas, caberá ao juiz:

a) relaxar a prisão ilegal, o que pode se dar tanto por razões materiais como formais (vale lembrar que a "forma", no processo penal que se quer mais democrático, é sempre uma garantia do indivíduo frente ao Estado e deve ser

---

[174] LOPES JR., 2022, p. 88.

respeitada). Exemplos: a prisão por um fato sem relevância penal (conduta atípica); um flagrante forjado por agentes estatais criminosos; uma prisão que não foi comunicada em até 24 horas da prisão-captura etc.

b) homologar o Auto de Prisão em Flagrante (APF) e converter a prisão em flagrante em prisão preventiva, desde que presentes os seus requisitos legais (art. 312 do CPP), o que significa a necessidade de demonstrar que nenhuma das demais medidas cautelares, menos gravosas do que a prisão, se revela adequada (relação "meio-fim") ou suficiente (necessidade) para afastar o risco processual (vale insistir: o risco gerado pela liberdade do imputado);

c) homologar o Auto de Prisão em Flagrante e converter a prisão em flagrante em uma medida cautelar diversa da prisão ou conceder liberdade provisória, com ou sem fiança. Por oportuno, em que pese a existência de divergência doutrinária e jurisprudencial, vale registrar que, em atenção ao princípio garantista da legalidade estrita, no processo penal não há espaço constitucionalmente adequado para medidas cautelares atípicas e nem para o chamado "poder geral de cautela", que autorizaria o juiz a criar/inventar novas formas de restrições à liberdade dos indivíduos.

Antes da apresentação da pessoa presa em flagrante ao juiz que presidirá a audiência de custódia, ser-lhe-á assegurado um atendimento prévio e reservado por advogado particular ou defensor público, em local adequado e sem a presença de agentes policiais. Trata-se de um direito relacionado à garantia da ampla defesa, que engloba a defesa técnica (defesa por um profissional com inscrição na Ordem dos Advogados ou por defensor público) e a autodefesa (defesa exercida diretamente pelo próprio imputado e que engloba o direito de presença ao ato processual e o direito de fala). Um funcionário do Poder Judiciário também deverá esclarecer os motivos, fundamentos e ritos que se relacionam com a audiência de custódia (art. 6º, da Resolução 213, do Conselho Nacional de Justiça).

O imputado deve ser ouvido na audiência de custódia. Não se trata, porém, de um interrogatório, que diz respeito aos fatos que lhe são atribuídos, mas de um relato relacionado às circunstâncias da prisão. Ele, porém, pode se reservar ao direito de permanecer em silêncio. Nessa "entrevista" há uma limitação à cognição do juiz. O magistrado, nessa ocasião, deverá buscar informações relacionadas às condições e circunstâncias da prisão-captura, bem como ao respeito, ou não, dos direitos fundamentais do preso até aquele momento (assim, por exemplo, se ele foi informado e explicado do motivo de sua prisão, se foi advertido de que existe o direito ao silêncio, se sofreu algum tipo de violência física ou outro tipo de constrangimento, se foi avisado de que tem direito de se consultar com um advogado etc.).

Vale registrar que a não-realização da audiência de custódia no prazo legal (até 24 horas após a captura) configura uma ilegalidade. E prisões ilegais devem ser relaxadas. Em outras palavras: diante de uma situação de flagrante, após um primeiro controle de legalidade já exercido pela autoridade policial, caberá ao juiz competente (em princípio, o juiz que preside a audiência de custódia), em decisão fundamentada, tomar uma das seguintes decisões:

a) no caso de prisão ilegal, relaxá-la (nesse sentido, o disposto nos artigos 5º, inciso LXV, da Constituição Federal, e 310, inciso I, do CPP);

b) no caso de prisão legal, em que exista risco processual, mas o mesmo pode ser afastado sem ser necessária a conversão da prisão em preventiva: impor uma ou mais das medidas cautelares diversas da prisão (art. 310, inciso II, do CPP, a *contrario sensu*);
c) no caso de prisão legal e necessária (ou seja, na hipótese da manutenção da prisão ser imprescindível para afastar o risco processual): converter a prisão em flagrante em prisão preventiva (art. 310, inciso II, do CPP), desde que exista pedido para tanto;
d) no caso da prisão ser legal, mas inexistir risco processual, reconhecer o direito do réu à liberdade (art. 310, inciso III, do CPP).

Nas hipóteses de risco processual, isto é, em que a liberdade do imputado coloca em risco a efetividade do processo de conhecimento penal ou da execução penal, a prisão em flagrante, que para alguns é verdadeira medida de autodefesa social, funciona também como medida preparatória de uma das cautelares típicas previstas pelo legislador como aptas a afastar esse risco (fala-se, então, em "prisão pré-cautelar").[175] Vale registrar que, se o juiz verificar a necessidade de impor alguma medida cautelar para afastar ou diminuir o risco processual, deve sempre, e sempre, começar pela medida de menor gravidade para os direitos do imputado (princípio da intervenção mínima relacionada à dignidade da pessoa humana), o que faz com que a prisão preventiva só possa ser decretada em último caso, se não for adequada e suficiente qualquer outra medida cautelar.

Hoje, diante da nova redação do art. 311 do CPP não deveria mais subsistir a antiga divergência doutrinária acerca da

---

175 LOPES JR., 2011, pp. 29-34.

possibilidade de um juiz converter a prisão em flagrante em prisão preventiva de ofício, ou seja, sem a provocação do Ministério Público, do querelante, do assistente de acusação ou da autoridade policial. O texto legal é claro: "a prisão preventiva será decretada pelo juiz, à requerimento...": portanto, só pode ser decretada uma prisão preventiva após pedido da parte legitimada para tanto. O juiz não pode romper a inércia, que assegura a imparcialidade, para decretar prisões que o próprio órgão acusador considera ilegais ou desnecessárias. Todavia, ainda há quem, em violação ao princípio acusatório (vale lembrar: as funções de acusar e julgar não devem ser confundidas), insista na tese de que o juiz que preside a audiência de custódia pode prender o imputado "de ofício", ou seja, sem que exista pedido, isso porque não se trataria de decretar uma prisão preventiva, mas de "converter" a prisão em flagrante legal em preventiva.[176]

A principal espécie de custódia cautelar é a prisão preventiva. Trata-se da prisão cautelar por excelência:[177] restringe-se de forma severa a liberdade do imputado (aquele a quem se atribui um fato criminoso) com o objetivo declarado de assegurar o processo de conhecimento penal e eventual execução de pena privativa de liberdade. Como esclarece Binder, a prisão preventiva

> quer dizer, em princípio, que desconfiamos do imputado em elevado grau, pois ele é capaz de pôr em perigo a realização do procedimento ou a consecução dos seus fins, razões pelas quais, para evitar esses riscos, a lei propõe mantê-lo prisioneiro durante o procedimento penal, caso

---

176  Sobre a tese: NICOLITT, 2012, p. 445.
177  Nesse sentido, por todos: BADARÓ, 2012, p. 730.

excepcional – definido juridicamente – frente à regra da liberdade individual.[178]

No Brasil, distorções ligadas à natureza autoritária da sociedade brasileira e à cultura inquisitorial dos atores jurídicos fazem com que o número de presos preventivos revele-se significativo na dinâmica social e política, isso porque, não obstante tentativas legislativas como a da Lei nº 12.403/2011, ainda hoje se acredita na prisão como resposta preferencial aos mais variados problemas, o que faz com que o sistema de medidas cautelares penais gire em torno da prisão preventiva (que muitas vezes é utilizada como forma de antecipação da punição dos indesejáveis aos olhos dos detentores do poder político e/ou econômico).

Além dos já mencionados princípios da legalidade estrita e da proporcionalidade, também integram a principiologia da prisão preventiva (e das prisões cautelares em geral):

a) o princípio da jurisdicionalidade: a prisão cautelar só pode ser decretada por ordem fundamentada da autoridade judicial competente em atenção ao devido processo legal. A exigência de motivação relaciona-se à necessidade de fatos novos ou contemporâneos (fatos concretos) que justifiquem a restrição da liberdade de uma pessoa (art. 315 do CPP);

b) o princípio da provisionalidade: as medidas cautelares destinam-se a tutelar uma situação fática. São, portanto, situacionais e devem desaparecer após o fim da situação que as justificava (*rebus sic stantibus*): se o risco processual (o *periculum*) não é atual, a prisão preventiva é

---

178  BINDER, 2011, p. 416.

desnecessária. Não por acaso, exige-se o reexame periódico do órgão jurisdicional acerca da manutenção da necessidade da prisão cautelar (art. 316, parágrafo único, do CPP);

c) o princípio da excepcionalidade: a prisão cautelar é sempre uma medida excepcional. A prisão preventiva só é possível nas hipóteses em que "se revelarem inadequadas ou insuficientes as medidas cautelares diversas da prisão" (art. 310, inciso II., do CPP). Nos termos do art. 282, § 6º, do CPP, a "prisão preventiva será determinada quando não for cabível a sua substituição por outra medida cautelar.

Deve-se repetir que a legislação brasileira exige dois requisitos à decretação da prisão preventiva: o *fumus comissi delicti* (a prova da existência de um crime e indício suficiente da autoria) e o *periculum libertatis* (perigo gerado pelo estado de liberdade do imputado). Esse *periculum libertatis* (ou risco processual) se faz presente, na dicção legal, sempre que a prisão for necessária para assegurar a ordem pública, a ordem econômica, a conveniência da instrução criminal ou a aplicação da lei penal. O *fumus comissi delicti*, por sua vez, é um pressuposto positivo a exigir a probabilidade do imputado, aquele que se pretende prender, ser o autor de um crime (existência de prova da materialidade e de indícios suficientes de autoria). Diante do caráter excepcional de toda e qualquer prisão cautelar, é necessário que exista uma "grande probabilidade de condenação ao final do procedimento".[179] Note-se, ainda, que, nos termos do artigo 314 do CPP, só é possível decretar a prisão preventiva se o imputado não tiver praticado o fato acobertado por uma das causas de exclusão da ilicitude (legítima defesa, estado

---

179  *Ibid.*, p. 417.

de necessidade, estrito cumprimento de dever legal, exercício regular de um direito etc.), isso porque, nessa hipótese, não há crime a ser objeto da persecução penal. De igual sorte, não é possível decretar a prisão preventiva nas hipóteses em que a conduta do agente tiver por objetivo a concretização de direitos assegurados na Constituição Federal, como nos casos do direito de greve e de manifestação que não atente contra a subsistência do Estado Democrático de Direito ou os fundamentos da República (a soberania, a cidadania, a dignidade da pessoa humana, o pluralismo político e os valores sociais do trabalho e da livre iniciativa).

A prisão preventiva, então, só será válida se servir para garantir ao menos um dos seguintes fins: a aplicação da lei penal, a conveniência da instrução criminal, a ordem pública ou a ordem econômica. Têm-se aqui a chamada *exigência cautelar* (perigo gerado pelo estado de liberdade do imputado), que pretende compatibilizar a prisão antes do trânsito em julgado de sentença penal condenatória e o princípio da presunção de inocência. A razão de ser da prisão preventiva não é a conduta criminosa atribuída ao investigado ou réu, mas o perigo gerado pela liberdade desse imputado. A prisão na fase de investigação preliminar ou no curso do processo só é legítima se a liberdade do réu gerar risco processual, isto é, risco à aplicação da lei penal, à instrução criminal, à ordem pública ou à ordem econômica, de acordo com o já mencionado art. 312 do CPP. Logo, cabe ao Ministério Público ou ao querelante, que pretenda a prisão do imputado, demonstrar em concreto a existência de perigo de destruição de provas, de fuga ou de que o imputado em liberdade possa vir a praticar outros crimes ou atentados à economia (isso para aqueles que admitem a legitimidade da prisão para garantia da ordem pública e da ordem econômica).

Por fim, o legislador infraconstitucional estabeleceu as hipóteses de cabimento da decretação da prisão preventiva. Por força do artigo 313 do CPP, a prisão preventiva só pode ser decretada nos crimes dolosos (em que o agente tem vontade de violar o bem jurídico protegido pela norma penal) punidos com pena privativa de liberdade máxima superior a quatro anos (inciso I). Por mais chocantes que sejam os resultados da violação ao dever de cuidado, nos crimes culposos não é possível a prisão do agente da ação imprudente, imperita ou negligente. Só não se aplica essa restrição baseada na pena máxima prevista em abstrato para o delito:

a) se o réu for reincidente em crime doloso, ressalvada a chamada "prescrição da reincidência" (inciso II); ou
b) se o crime envolver violência doméstica e familiar contra a mulher, criança, adolescente, idoso, enfermo ou pessoa com deficiência, para garantir a execução das medidas protetivas de urgência (inciso III).

Na legislação infraconstitucional, admite-se a decretação da prisão preventiva tanto durante a investigação preliminar como durante o curso do processo propriamente dito (art. 311 do CPP). Todavia, a permissão legal para a decretação da prisão preventiva na fase de investigação preliminar contraria a sistemática das medidas cautelares pessoais no direito processual penal brasileiro: a uma, porque existe a previsão legal da prisão temporária (lei nº 7.960/89) como medida cautelar pessoal adequada à fase de investigação preliminar, também submetida aos duplo de juízo de necessidade e adequação (art. 282 do CPP); a duas, uma vez que sempre que existir o *fumus commissi delicti* já existirá a *justa causa* (prova da materialidade e indícios suficientes de autoria de um crime) que torna obrigatório o oferecimento da ação penal. Como explica Badaró,

> ou, de um lado, é cabível a prisão preventiva e, também, já se têm elementos para o oferecimento da ação penal, e em tal contexto seria ilegal a continuação do inquérito policial, sem denúncia oferecida, mormente estando preso o imputado, ou, de outro lado, ainda não há elementos suficientes para a prisão preventiva, no que toca à 'plausibilidade do direito de punir', e, também, não se pode exigir o oferecimento da denúncia.[180]

Com a lei nº 12.403/2011, passou-se a admitir a "substituição" da prisão preventiva por *prisão domiciliar*. Em que pese à terminologia adotada pelo legislador, a prisão domiciliar é, na verdade, uma forma diferenciada de cumprimento da prisão preventiva, inspirada em razões humanitárias. As hipóteses de cabimento estão elencadas no artigo 318 do CPP, conforme já se viu.

A grande divergência doutrinária acerca da prisão preventiva diz respeito aos seus requisitos. A rigor, a exigência cautelar só se faz presente na prisão para garantir a instrução criminal (tutela assecuratória do processo de conhecimento penal) e a futura aplicação da lei penal (tutela assecuratória da execução penal). Nessas duas hipóteses, a prisão serve para assegurar a eficácia prática do processo; nessas duas hipóteses, vislumbram-se as características das tutelas cautelares (instrumentalidade hipotética, acessoriedade e referibilidade): tanto a prisão para a conveniência da instrução criminal quanto a que serve para assegurar

---

180   BADARÓ, 2012, p. 731.

a aplicação da lei penal são instrumentos para viabilizar o resultado justo do processo e de uma hipotética execução; nada dizem a respeito do mérito do caso penal e estão vinculadas a uma determinada situação de direito material (há um interesse acautelado através dela).

Não por acaso, há certo consenso de que o risco à futura aplicação da lei penal (perigo concreto de fuga) e a conveniência da instrução criminal (perigo concreto de eliminação/ocultação de provas) são fundamentos legítimos para a prisão preventiva. Registre-se, por oportuno, que os requisitos para o encarceramento preventivo elencados nas legislações de diversos países costumam ser reunidos em dois grandes grupos: de um lado, os que são classificados a partir de critérios "substanciais" (de direito material) e que vislumbram na prisão preventiva um instrumento de antecipação da punição ou mesmo de defesa social (em nome do abstrato "direito da coletividade" sacrificam-se direitos e garantias de indivíduos concretos); de outro, aqueles que são classificados a partir de critérios "processuais" e que buscam demonstrar respeito ao princípio da presunção de inocência. Nesta última classificação enquadram-se a prisão para assegurar a instrução criminal e a prisão para garantir a aplicação da lei penal: a prisão, nesses casos, busca assegurar a eficácia de um processo judicial. No ordenamento brasileiro, dentre as prisões baseadas em critérios "substantivistas" encontram-se as prisões para a garantia tanto da ordem pública quanto da ordem econômica: a prisão, nessas hipóteses, tem um objetivo que não guarda relação direta com o processo judicial em que é decretada.

Não obstante, os tribunais brasileiros reconhecem a constitucionalidade das prisões para a garantia da ordem pública e da ordem econômica. Mas, afinal, no que consistem a "ordem pública" e a "ordem econômica"? De início, pode-se afirmar que prisões para garantir a "ordem pública" ou a "ordem econômica" não têm natureza cautelar, isso porque não buscam assegurar seja o processo de conhecimento seja a execução penal ("não se está buscando a conservação de uma situação de fato necessária para assegurar a utilidade e a eficácia de um futuro provimento condenatório").[181] São dois conceitos "abertos" e indeterminados, em clara violação ao princípio da legalidade estrita que regula (ou deveria regular) a restrição à liberdade individual, uma vez que permitem subjetivismos, arbítrios e perversões dos atores jurídicos que vão dar significado a esses significantes. Tanto o significante "ordem pública" quanto o significante "ordem econômica" gozam de verdadeira "anemia semântica" (expressão do magistrado e professor catarinense Alexandre Morais da Rosa).

Há quem aceite que o risco de reiteração criminosa poderia justificar a prisão preventiva para garantia da ordem pública. Têm-se aqui, contudo, verdadeiro "exercício de futurologia", uma vez que não há como presumir que o imputado, mesmo que já tenha praticado outros crimes, em liberdade voltará a delinquir. No Estado Democrático de Direito, em matéria penal, a única presunção constitucionalmente adequada é (ou deveria ser) a de inocência. Em regra, na prisão para a garantia da ordem pública busca-se realizar (antecipadamente) alguns dos fins que caberiam ao direito penal material, por exemplo, prevenir novos delitos e atender aos reclamos da opinião pública, que, muitas vezes, não passa da opinião publicada pelos meios de comunicação de massa. Há, também, quem, a partir de uma perspectiva autoritária,

---

181 *Ibid.*, p. 733.

recorra à prisão preventiva para reafirmar o "poder" ou a "confiança" da sociedade no órgão jurisdicional.

A prisão preventiva deve ser revogada sempre que se tornar desnecessária, ou seja, sempre que desaparecem os motivos que levaram à sua decretação. Assim, o juiz deverá revogar a prisão ao constatar o desaparecimento do *fumus commissi delicti* ou do *periculum libertatis*. A prisão preventiva é, portanto, sempre precária. A legalidade e a proporcionalidade da medida precisam ser reavaliadas com frequência (nos termos do artigo 316 do CPP, as prisões preventivas devem ser reavaliadas a cada 90 dias, embora o Supremo Tribunal Federal ter fixado o entendimento flagrantemente equivocado de que a violação desse dever não implica o relaxamento da prisão ou a revogação obrigatória da custódia cautelar).

Por fim, na legislação brasileira também está prevista a *prisão temporária*. Essa espécie de prisão cautelar está prevista na Lei nº 7.960/1989. Registre-se, por oportuno, que sua criação se deu por medida provisória, existindo assim vício formal de constitucionalidade por violação ao processo legislativo. Ademais,

> além de a matéria não poder ser objeto de delegação do Legislativo para o Executivo, não havia relevância e urgência para edição de medida provisória para dispor sobre processo penal, o que atualmente inclusive é vedado pelo art. 62, § 1º, I, b, da CRF/1988, com a redação que lhe foi dada pela EC nº 32/2001".[182]

Não obstante, essa espécie de prisão tem sido reconhecida como válida pelos tribunais brasileiros. Trata-se de prisão

---

182 NICOLITT, 2012, p. 460.

que tem por objetivo possibilitar a investigação preliminar, ou seja, a descoberta de prova da materialidade e de indícios suficientes de autoria que permitam o oferecimento de uma ação penal. Exige-se, à decretação da prisão temporária, como ocorre com as prisões cautelares em geral, a demonstração do *fumus commissi delicti* (art. 1º, inciso III, da Lei nº 7.960/1989) e do *periculum libertatis* (art. 1º, incisos I e II). Assim, caberá a decretação da prisão temporária se imprescindível para as investigações do inquérito policial (art. 1º, inciso I) ou se o indiciado não tiver residência fixa ou, ainda, se não fornecer elementos necessários ao esclarecimento de sua identidade (art. I, inciso II). Todavia, presente uma dessas hipóteses, que caracterizam o *periculum libertatis*, a prisão só poderá ser determinada se também existirem "fundadas razões, de acordo com qualquer prova admitida na legislação penal, de autoria ou participação do indiciado nos crimes" elencados no inciso III do artigo 1º da Lei nº 7.960/1989.

A prisão temporária, por evidente, só pode ser decretada durante a fase de investigação preliminar, ou seja, antes de oferecida a ação penal em desfavor do imputado. Em regra, a prisão temporária tem duração máxima de cinco dias, prorrogáveis, em caso de comprovada necessidade, por até mais cinco dias. Em se tratando de crime etiquetado de hediondo, por força da Lei nº 8.072/1990, a prisão temporária pode ser decretada por até trinta dias, prorrogáveis, também em razão de comprovada necessidade, por até mais trinta dias. Porém, "uma investigação criminal que perdure sessenta dias, com o acusado preso, viola a garantia do processo no prazo razoável (CF, art. 2º, LXXVIII), que se aplica também ao investigado preso, durante o inquérito policial ou outra forma de investigação criminal".[183]

---

183  BADARÓ, 2012, p. 751.

Encerrado o prazo fixado para a prisão temporária, o imputado deverá ser posto imediatamente em liberdade, independentemente da expedição de alvará de soltura, salvo se já tiver sido decretada sua prisão preventiva. Nada impede, porém, que, desaparecendo a necessidade da prisão, o investigado seja posto em liberdade. De qualquer modo, encerrado o prazo da temporária e/ou oferecida denúncia, se o Ministério Público vislumbrar que subsiste a necessidade da prisão cautelar, deve requerer a decretação da preventiva em desfavor do imputado.

Note-se que o juiz não pode decretar a prisão temporária de ofício. Nos termos do artigo 2º, *caput*, da Lei nº 7.960/1989, a prisão temporária poderá ser decretada a partir de representação da autoridade policial (ouvido o Ministério Público, por força do § 1º do artigo 2º) ou de requerimento do Ministério Público. A prisão decretada sem a provocação dos legitimados (Ministério Público ou autoridade policial) ou sem a oitiva do Ministério Público (no caso de representação da autoridade policial) é ilegal e deve ser imediatamente relaxada.

Ainda sobre a prisão temporária, cumpre deixar consignado que "o Estado Democrático de Direito não se coaduna com a ideia de prender para depois investigar, pois, sendo a liberdade a regra constitucional, a lógica é investigar para depois prender".[184] Como ensina Maria Ignes Baldez Kato, "a prisão temporária viola o próprio conteúdo axiológico da Constituição, em especial a presunção de inocência".[185]

---

184   NICOLITT, 2012, p. 460.
185   KATO, 2005, p. 126.

# 7

# POPULISMO PENAL E OPORTUNISMO POLÍTICO

A relação entre liberdade e prisão não é objeto exclusivo do processo penal. Sua análise está imbricada, necessariamente, na estrutura excepcional do poder punitivo. Até porque será o poder de punir aquele que irá ditar os limites da intervenção no âmbito de liberdade das pessoas ao definir as condutas criminosas e as respostas estatais aos desvios etiquetados de criminosos. Se um dos pressupostos inarredáveis da decretação da prisão é a manifesta demonstração da existência de um crime, ao qual se atribui a autoria ao acusado, afigura-se importante revelar os fundamentos do poder punitivo, em sua tarefa criminalizadora, bem como a dimensão política das medidas que levam à prisão de um ser humano.

O chamado processo criminalizador tem variado, através dos tempos, conforme os interesses predominantes em sua execução. Sem muitos alongamentos, pode-se ver como, em cada momento histórico, se elevam determinados fatos à categoria de delitos-modelo sobre os quais o Estado se alicerça para exercer os movimentos de violência institucional contra as pessoas classificadas como infratoras da ordem. À primeira vista, pode parecer que nesse processo criminalizador o Estado opera como guardião dos objetivos civilizatórios, visando a superar a barbárie dos tempos primitivos, como propusera Hobbes.[186] Ocorre, porém, que essa ideia dos procedimentos civilizatórios, que Amartya Sen classifica como "institucionalismo transcendental",[187] é na verdade uma quimera, uma ilusão criada pelo homem para dar conta de uma insuficiência explicativa, um recurso retórico de justificação de poder. As pesquisas empíricas antropológicas demonstram, ao revés, que o estado de barbárie jamais existiu, tal como concebido por Hobbes, e nem nesse estado vigorava um exercício absoluto de violência de todos contra todos. Uma hipótese não pode ser tratada como um dado da realidade. Em relação aos povos originários da América Latina, por exemplo, informa Zaffaroni como os atos de violência foram aqui introduzidos pelos colonizadores, que não apenas exploraram a terra e suas riquezas, mas também trouxeram, em seu bojo, todas as formas de um processo criminalizador discriminatório e

---

186 HOBBES, 2020.
187 SEN, 2011.

excludente.[188] Na perspectiva dos povos originários, quais seriam os objetivos civilizatórios dos colonizadores?

Em face dessa relação entre liberdade e poder punitivo, pode-se dizer que sua análise deve envolver as seguintes questões:

a) a relação entre violência e poder;
b) os interesses políticos;
c) a edificação dos códigos criminalizadores;
d) a perda concreta da liberdade.

Há muita controvérsia sobre a relação entre poder e violência, até porque o próprio conceito de violência pode variar conforme os enfoques sobre seus elementos ou perspectivas. Em geral, a violência é tratada como um ato físico praticado contra outrem, quer produza ou não lesões ou morte. A violência, em regra, só costuma ser percebida nesse sentido vulgar, que alguns chamam de *violência subjetiva*, ou seja, o aspecto visível consubstanciado em atos de uma pessoa contra outra. Há, porém, ao lado da violência visível, o que se convencionou identificar como *violência estrutural* ou *sistêmica*, que é a consequência do funcionamento e das perversões dos sistemas econômicos, políticos e, por evidente, do sistema de justiça, bem como a *violência simbólica*, encarnada na linguagem, isto é, ligada à imposição de um universo de sentido, muitas vezes condicionado por preconceitos ou por pré-compreensões autoritárias. E o pior: um número grande de pessoas é incapaz de enxergar que os episódios visíveis de violência são, em regra, produtos de manifestações ocultas de violência.

---

188  ZAFFARONI, 2022, p. 65.

E mais do que isso: é possível reconhecer uma espécie de espiral da violência. O exercício da violência tende a gerar cada vez mais violência. Para alguns, esse processo de produção e reprodução da violência atenderia a uma lógica mimética. Outros, porém, identificam na sequência de atos violentos uma experiência que inicialmente se apresentava como de natureza religiosa (a prevenção da violência constituiria a essência da religião) ou um valor intrínseco relacionado ao poder. A prática da violência pode ser percebida, então, como ativa, reativa, preventiva ou produtiva. A forma como é exteriorizada relaciona-se como o contexto e a dinâmica social. A violência letal, por exemplo, pode representar uma reação diante da expectativa da morte: mata-se para não ser morto. Exerce-se a violência por variados motivos, por vingança, por ódio, por um dever legal e até para obter algum tipo de lucro. Em sociedades autoritárias, como a brasileira, a violência também se apresenta como capital político, capaz de render votos a quem promete direcionar a violência contra terceiros identificados como concorrentes ou inimigos.

O exercício da violência aumenta a sensação de poder de quem o exerce. O Eu que exerce a violência se sente mais poderoso e parece mais poderoso aos olhos de terceiros. De fato, a violência representa uma diminuição do poder de quem a recebe e, ao mesmo tempo, um incremento do poder de quem a exerce. É possível, então, reconhecer que a questão do poder não pode ser dissociada da questão da violência, tanto a violência que se manifesta como consequência da soberania, como a violência presente no poder disciplinar e na biopolítica (incluído, por evidente, o exercício de poder que caracteriza a necropolítica).

Contudo, pode-se entender a violência, em sua essência, como um ato que produz, de qualquer modo, uma interferência indevida no círculo de liberdade da pessoa afetada. Nesse sentido, faz ver Walter Benjamin que também se caracteriza como violência, por exemplo, a convocação ao serviço militar obrigatório,[189] que pode contrariar frontalmente a concepção pacifista do conscrito, tolhendo sua liberdade de escolha. Se a pessoa é pacifista e é obrigada ao serviço militar contra sua vontade, pode-se dizer que será vítima de uma violência estatal. Nesse caso, o Estado, por meio de sua força, inclusive criminalizando a conduta como insubmissão (art. 183 do Código Penal Militar), impõe um comportamento que não corresponde à vontade de um indivíduo. Portanto, a violência não se resume a atos de interferência física sobre o corpo. O poder, aliás, é mais eficaz ao ocultar a violência e passar-se por algo da ordem do cotidiano ou da necessidade. Isso porque, ao contrário da violência, o poder atua por meio da produção de sentidos, reservando à violência explícita um papel de exceção. Desvelar a violência, portanto, é um ato necessário à compreensão do poder, da política e da liberdade, entendida como o contrário da violência.

A própria lei brasileira, por exemplo, classifica como violência doméstica o constrangimento decorrente de atos de danificação de coisas pertencentes à mulher, no âmbito de suas relações de convivência marital. Vista dessa forma, também pode ser classificada como violência a atuação do Estado que imponha obrigação contra a vontade da pessoa, bem como qualquer ato que implique restrição de sua liberdade. Ninguém duvida de que a prisão é um ato de violência, assim também o próprio procedimento que lhe antecede, ao qual o acusado deve ser submetido, mesmo contra sua vontade. Há, nesses casos, episódios de sujeição violenta inegáveis.

---

[189] BENJAMIN, 1999, p. 29.

E ninguém contesta que mesmo as penas alternativas à prisão, que também restringem drasticamente a liberdade pessoal, expressam uma forma específica de violência.

A violência estatal é, desse modo, um ato político, que muitos autores consideram como exercício da soberania, ou seja, inerente ao controle exercido sobre um determinado território (a ideia de "dominação" no Estado moderno). Se a violência, dessa forma, é um ato de exercício da soberania, configuram-se, aqui, então, outras questões:

a) Existe poder sem violência?
b) Pode o Estado subsistir sem exercer violência?
c) Qual a relação real entre poder e violência?
d) É possível um modelo de justiça que não recorra à violência?

A ciência política tem buscado algumas respostas a essas indagações. Em primeiro lugar, cumpre destacar que o Estado tem como elemento essencial o poder, a possibilidade de exercer alguma modificação na esfera da vida contra ou a favor de indivíduos, alguma alteração concreta relacionada à atuação e à liberdade de outra(s) pessoa(s). Sem poder não há Estado. O poder (de uma ou algumas pessoas sobre outras pessoas), que leva à dominação tanto de indivíduos como da sociedade, é próprio de sua soberania (ao menos, no que se costuma chamar de "soberania", entendida como a forma específica de dominação exercida pelo Estado). Por isso, ao conceituar a soberania, assim se manifestou Jean Bodin: "soberania é o poder absoluto e perpétuo do Estado-Nação".[190] Soberano, portanto, identifica-se com o superior (do latim *superanus*),

---

[190] BODIN, 2011.

aquele que não é subordinado a ninguém. A dominação do Estado que se exerce através das leis pressupõe a superioridade do Estado ao formular, executar e revogar as leis; a dominação do Estado exercida através de seus representantes igualmente pressupõe a superioridade do Estado, como detentor do poder, diante dos seus representantes (governantes, legisladores, juízes, funcionários públicos).

O exercício do poder é uma realidade política. É de se ver que na história da humanidade, desde os primórdios da fundação do Estado (ou, mesmo, nos debates sobre soberania que se iniciaram no seio da Igreja medieval), o poder de restringir a liberdade alheia não aparece como uma consequência inerente à sua constituição. Pode-se, portanto, hipoteticamente, pensar em um Estado que não aposte na prisão como resposta aos mais variados problemas sociais ou na existência de Estados que não recorram à tática repressiva como instrumento de controle da população. No entanto, correlações tipicamente político-econômicas, a relação de forças na sociedade, a existência de cálculos estratégicos e a escolha por diferentes formas de manifestação do poder, em consonância com o domínio das forças produtivas, são determinantes para definir a importância (e a necessidade) da prisão em um Estado. Assim, por exemplo, a existência de um aparelho estatal repressivo que aposte na violência consistente na restrição da liberdade como resposta a desvios sociais é, antes de qualquer coisa, uma opção política do Estado atual, condicionado pela racionalidade neoliberal.

Ao fundar-se o Estado, funda-se também um aparato capaz de lhe dar sustentação material. Com o Estado, algumas pessoas passam a exercer um tipo específico de poder que tenderia a ser de todos, dentro da lógica do Contrato Social, uma ficção que visa legitimar e explicar a concentração de poder. A prisão apareceu, então, como uma das principais instituições estatais. Trata-se de um ente que, desde muito cedo, se revela útil na missão de controlar e segregar parcela da população de um Estado. O Estado, dessa forma, busca se manter pelo exercício de um poder de dominação; caso contrário, pessoas indesejáveis poderiam se colocar contra os detentores do poder estatal, e o governo da sociedade poderia ser repartido de maneira mais igualitária por todas as pessoas, o que, em última análise, implicaria a desnecessidade do próprio Estado, tal como ocorria em algumas comunidades primitivas, que se constituíam sem graus de hierarquia, e como deveria ocorrer caso a hipótese comunista imaginada por Marx fosse vitoriosa.

Há, portanto, na formação do Estado tal qual o conhecemos hoje, pelo menos, duas características marcantes: uma divisão entre as pessoas (quem exerce o poder e quem se submete a ele) e o exercício do poder mediante aparatos destinados ao seu incremento. Se o Estado acaba por se edificar por meio de atos de dominação (que são também atos de comunicação), que expressam sua soberania (a qual poderia ser também definida como o poder de ditar o próprio direito e cobrar violentamente a submissão das pessoas), e se o conceito de violência se relaciona diretamente com a liberdade alheia, está claro que há uma relação direta entre soberania e violência, ou seja, entre poder estatal, violência e prisão. Não por acaso, Max Weber vai definir o Estado como o ente detentor do monopólio do uso legítimo da violência.

Quando se afirma que o Estado incorpora a violência como expressão privilegiada da soberania, conclui-se que sua própria existência, tanto no plano formal quanto material, está fundada em um procedimento de ruptura com a ordem tendencialmente igualitária e libertária da comunidade primitiva, bem como revela a tendência estatal de ser incompatível com os projetos emancipatórios. Na sociedade primitiva, o poder associativo não estava vinculado a uma estrutura de dominação, mas sim de cooperação, na qual cada pessoa desempenhava sua função de acordo com suas aptidões e capacidades, conforme um acordo comunitário, em regra tácito. À medida que essa atuação cooperativa se desintegra por força do próprio desenvolvimento das forças produtivas e de fatores históricos contingentes – com a produção de riqueza não compartilhada, que dá origem à chamada acumulação primitiva e, assim, monopolizada –, edifica-se um corpo saliente de comando, que assume a direção das atividades e impõe suas regras sobre os demais.

Como as atividades não são mais espontâneas ou cooperadas, mas impostas, está claro que essa dominação não pode ser executada sem o exercício ou, ao menos, a ameaça de atos de coação, de constrição da liberdade de indivíduos. Vale lembrar que a dominação pode fundar-se em diferentes motivos à submissão (dominação tradicional, dominação legal, dominação carismática), mas no Estado moderno sempre paira a ameaça de violência contra o insubmisso ou indesejável. Assim, será próprio do poder o exercício da violência, tomada no sentido de atos de imposição de condutas e de restrição da liberdade alheia, como meio de sua manutenção.

Ponto importante nessa configuração do poder estatal será, ademais, a verificação de que forma essa violência é por ele exercida, ou seja, como se constroem as condições reais de sua existência e manutenção. Uma coisa será refletir sobre as condições teóricas da construção de um poder de dominação, a partir da ruptura da sociedade cooperativa e a constituição do Estado como poder monopolizador da liberdade; outra será a identificação das condições materiais, em cada contexto e formação social, de como essa relação de dominação opera sobre as pessoas concretas. Para poder se discutir sobre essas condições, será preciso também indicar o que se compreende por "formação social" e "contexto".

A noção de "formação social" engloba todas as categorias sociais, econômicas, políticas e jurídicas. Analisando esse tema, pondera Milton Santos que, ao contrário do que se divulga, o conceito de formação social é supérfluo quando aplicado a uma abstração ou a todas as sociedades. Isso quer dizer que não há formação social em face de uma sociedade em abstrato, mas sim de uma sociedade construída a partir de determinados eventos, de fatos históricos, que assinalam um arcabouço de construção da relação entre as forças produtivas e as relações de produção diante da pessoa. Justamente porque cada sociedade "veste a roupa de seu tempo", é fundamental também proceder-se à distinção entre formação social e sistema social. Assim, diz Milton Santos, enquanto o sistema social pode ser aplicado, indistintamente, a qualquer sociedade, a formação social se refere à possibilidade de conhecer a sociedade em suas especificidades, coletadas em determinado período histórico.[191] Apesar de o conceito de formação social se destinar, precipuamente, à identificação dos elementos de uma sociedade específica em determinado momento histórico, como a brasileira, por exemplo, em seus diversos estágios de desenvolvimento, não deixa ele de ser também um recurso teórico apropriado a demonstrar que o poder do Estado

---

191 SANTOS, Milton. "Sociedade e espaço: a formação social como teoria e como método". *Boletim Paulista de Geografia*, São Paulo, n. 54, 81-100. Disponível em: <https://publicacoes.agb.org.br/boletim-paulista/article/view/1092> . Acesso em: 24 jul. 2024.

está condicionado às circunstâncias dos contextos sobre os quais irá desempenhar suas atividades. O poder do Estado, sob esse aspecto, não se exaure em si mesmo por meio das regras e formas de sua constituição, mas se alicerça sobre elementos que sedimentam as diversas formas de produção da vida material, como as forças produtivas e as relações de produção, as quais irão incrementar as demais relações sociais, econômicas, políticas e jurídicas.

A concepção da sociedade sob a égide de uma formação social possibilitará compreender como a violência se entrelaça ao poder do Estado para lhe assegurar subsistência. Por sua vez, à medida que as condutas humanas se realizam no âmbito dessas formações sociais, estão igualmente submetidas às regras determinantes de certo contexto. O contexto será, então, o que se denomina de "mundo da vida", em que as pessoas atuam conforme os modelos de comportamento que recebem de sua vinculação cultural e de sua formação. Há que se esclarecer, contudo, que na sociedade moderna, em face da multiplicidade de fatores e condicionamentos, as pessoas sofrem também influências que decorrem de sua condição de gênero, de sua nacionalidade, de seu grau de instrução e formação escolar, de seus relacionamentos grupais, profissionais e afetivos, de sua idade, de suas aptidões físicas, de suas representações de valor e, essencialmente, de sua posição nas relações de produção. O mundo da vida não é, assim, um mero conceito retórico para explicar os comportamentos; é o conjunto de condições que define as pessoas em sua sociabilidade.

A ciência política, na maioria das vezes, desenvolvida a partir dos esquemas propostos no âmbito da soberania estatal, tem flertado com a ideia de que o exercício do poder prescinde do emprego de violência. À medida que assinala, como faz, por exemplo, Hannah Arendt, que o fortalecimento do poder se situa na medida inversa do emprego da violência,[192] postula pela compreensão do Estado como uma entidade a serviço do bem comum. Contudo, é importante reparar que a concepção teológica-política de "bem comum" se apresenta problemática: a quem cabe definir o que é "bem comum"? Como apontam Christian Laval e Pierre Dardot, "o recurso ao 'bem comum' restabelece um certo número de postulados antidemocráticos que atribuem ao Estado, a 'sábios', a 'especialistas em ética' ou então à Igreja o cuidado de dizer o que é bem comum".[193]

No entanto, ao fazer-se uma análise mais acurada dos diversos poderes do Estado, pode-se ver que, quando se trata do poder de punir e de outros interesses vinculados diretamente à manutenção das estruturas sociais, a violência assume uma função preponderante diante dos demais instrumentos que lhe são disponíveis. Mesmo partindo do pensamento de Arendt de que o poder não é uma entidade estática, mas está sempre vinculado a uma atividade, portanto constitui um acontecimento social,[194] pode-se concluir, de modo diverso, que esse acontecimento social, em face das imposições de condutas, está indissoluvelmente associado ao exercício ou à ameaça da violência. A violência, ainda que disfarçada ou oculta, sempre está à disposição dos detentores do poder político (que, não raro, são também os detentores do poder econômico).

Francisco Muñoz Conde, muito lucidamente, já alertava como a violência estaria presente em muitas circunstâncias. A violência não é apenas a manifestação da vontade

---

192   ARENDT, 1960, p. 196.
193   DARDOT; LAVAL, 2017.
194   ARENDT, 1960, p. 194.

individual, mas também o efeito de sua monopolização pelo Estado. Diz ele que falar

de direito penal é falar, de um modo ou de outro, de violência. Violentos são geralmente os casos de que se ocupa o direito penal (roubo, homicídio, terrorismo, rebelião). Violenta é também a forma com que o direito penal sanciona esses casos (prisão, internação psiquiátrica, suspensões e inabilitações de direitos). O mundo está impregnado de violência e não é, portanto, exagerado dizer que essa violência constitui um ingrediente básico de todas as instituições que regem o mundo.[195]

A subsistência, dessa forma, de um poder que não pode prescindir de violência quando quer enfrentar comportamentos que infringem suas normas, seja direta, por exemplo, com o encarceramento, ou indiretamente, com a restrição de direitos, transforma o Estado em titular de instrumentos poderosos que estão acima de qualquer pretensão individual (uma consequência do princípio da Soberania é a premissa de que o Estado – uma ficção jurídica – está acima dos indivíduos).

Ainda que as normas do direito penal, que descrevem condutas vedadas e impõem sanções, constituam uma passagem muito específica das atividades estatais, que compreendem, ademais, desde normas orçamentárias até aquelas destinadas à saúde pública, é importante sua referência, porque, como assinala Sören Kierkegaard, a essência social não é conhecida pelas normas gerais, senão por aquelas que lhe são particularmente mais extravagantes.[196] São as

---

195   MUÑOZ CONDE; GARCÍA ARÁN, 1998, p. 29.
196   KIERKEGAARD, 1961, p. 80.

falhas, os desvios, o ato falho, as imperfeições, que explicam o mundo em concreto. Admitindo-se, conforme a estrutura do Estado e sua existência subordinada a uma determinada formação social, que o seu poder é indissociável do exercício de um domínio sobre as pessoas e, portanto, sem existência, senão como exercício de uma forma de violência, pode-se prosseguir para pontuar a discussão em torno dos elementos concretos dessa formação.

Em se tratando, mais especificamente, do poder de punir, aflora nessa discussão o tema acerca dos estímulos e condicionamentos do exercício desse poder. O poder de punir é, na verdade, a expressão da monopolização da violência, portanto, uma manifestação dos interesses políticos dominantes em uma determinada quadra histórica. Nesse sentido, pode-se desde logo afirmar, como o faz Foucault, que o poder de punir se insere como uma situação estratégica, que não se reduz a uma relação social, pela qual o Estado, com o objetivo de proteger algum bem selecionado, atua em nome de todos, mas sim como um complexo de relações de força.[197] O poder, vale insistir, necessariamente está em relação com os interesses políticos dominantes em um determinado contexto.

Há uma longa e irredutível discussão sobre a definição dos chamados "interesses políticos". A expressão interesse aparece, primeiramente, no direito romano, na forma de pretensão a uma indenização. É o desejo de subordinação de um interesse alheio ao próprio. O interesse tornou-se um conceito estratégico ligado à inteligibilidade das ações humanas e à normatividade que regula as relações intersubjetivas. A história do "interesse" é a história do laço que une

---

197   FOUCAULT, 1993, p. 93.

o indivíduo aos outros, às instituições e à linguagem: é através do interesse que o indivíduo se reconhece, se manifesta e se relaciona com os outros. A partir dessa consideração, revela-se inegável o uso do conceito de interesse pela ciência política a partir do século XVII e, em especial, no século XVIII, inclusive para proceder à diferenciação entre a busca pelo ganho privado e o interesse público, representado como um bem ou valor da própria comunidade. Essa discussão pode ser tida, na verdade, como originada do sentido que era ofertado à noção de "interesse", ora segundo seus efeitos (Claude-Adrien Helvétius), ora por sua função (Adam Smith), que permite diferenciar o "privado" do "público".[198]

Essa diferenciação entre interesse privado e interesse público foi também refletida em Rousseau, que buscou tratar o interesse público como uma condição moral necessária das ações humanas, através da ficção chamada "volonté générale", que orientaria as ações estatais e também possibilitaria a própria existência da sociedade:

> somente a vontade geral pode direcionar as forças do Estado de acordo com o fim de sua instituição, que é o bem comum: pois se a oposição de interesses particulares tornou necessário o estabelecimento de sociedades, foi a concordância desses mesmos interesses que o tornou possível. É o que há de comum nesses diferentes interesses que forma o vínculo social e, se não houvesse algum ponto em que todos os interesses estivessem de acordo, nenhuma sociedade poderia existir. Agora, é somente com base nesse interesse comum que a sociedade deve ser governada.[199]

---

198 SCHEMMER, 1995, v. 2, p. 268.
199 ROUSSEAU, 1995, capítulo I.

Com isso, pretendia Rousseau estimular uma compreensão racional do que poderia ser classificado como "interesse público", como interesse inerente a uma determinada estrutura social.

Para Jürgen Habermas, por sua vez, os interesses podem ser definidos como as

> orientações básicas que são inerentes a determinadas condições fundamentais da reprodução e autoconstituição da espécie humana, quer dizer, ao trabalho e à interação. Essas orientações básicas têm por objetivo, portanto, não a satisfação de necessidades imediatamente empíricas, mas sim a solução de problemas sistemáticos em geral.[200]

Uma vez que a questão desses interesses não está ligada à satisfação de necessidades empíricas, como são aquelas decorrentes dos interesses privados (por exemplo, o pagamento de uma indenização), está claro que sua invocação é relevante para demonstrar a relação entre a pessoa, os outros indivíduos e o Estado. Nesse sentido, será importante determinar como os interesses políticos, travestidos de interesses públicos, se desenvolvem como condição do exercício da violência estatal.

Como diz Andreas Anter, "o Estado é, na verdade, uma formação abstrata, que é difícil localizar e definir, mas pode ser, pelo menos, descrito em dois pontos: primeiro, na monopolização da violência física; segundo, na forma específica de organização do conhecimento".[201] Esses dois pontos estão vinculados a interesses políticos que instruem os procedimentos de execução da violência nos casos concretos e,

---

200 HABERMAS, 2023, p. 225.
201 ANTER, 2018, p. 56.

ao mesmo tempo, definem as zonas de conhecimento do que constitua proibição e permissão. Há, portanto, na relação entre estado de violência, não apenas a possibilidade de uma intervenção física sobre a pessoa, mas a edificação de um sistema burocrático, como dizia Weber, capaz de induzir uma aparente (e mitológica) neutralidade. Justamente, por trás dessa aparente neutralidade é que se manifesta, sem chamar a atenção, o exercício da violência restritiva da liberdade, que é bem visível na própria organização estatal, no exato momento em que o Judiciário decreta a prisão de alguém que tenha sido acusado de infringir qualquer norma proibitiva ou que não tenha executado uma ação determinada por uma norma mandamental.

A aparente neutralidade do Estado faz parecer que a violação da liberdade é uma consequência normal da atividade estatal no sentido da preservação do "interesse público" (categoria que, vale dizer, não encontra definição "neutra": quem, "no interesse público", define o que é "interesse público"? A opinião da maioria, por vezes, forjada na desinformação, retrata o "interesse público"?). Diante da afirmada neutralidade, que não leva em consideração as condições concretas de atuação tanto do Estado e de seus agentes, conforme os interesses do bloco de interesses no poder, quanto das pessoas submetidas à violência, com suas dificuldades até de sobrevivência, a prisão é utilizada também como uma espécie de antecipação de responsabilidade pelo fato cometido (o que contraria a dimensão de tratamento do princípio da presunção de inocência). Faz parte, dessa forma, do imaginário autoritário coletivo, construído de acordo com a ideologia dominante e a serviço dos interesses dos detentores do poder político e/ou econômico, que a decretação da prisão, ainda que completamente ilegal, é sinônimo de combate à impunidade e de confirmação da culpa do preso, o que legitimaria o ato de constrição.

Esse poder implícito e antidemocrático de "legitimação" sugere a proposição de Gerhard Göhler, de proceder a uma diferenciação entre um "poder transitivo", que é aquele que se manifesta diretamente sobre as pessoas, influenciando sua vontade, e um "poder intransitivo", que nasce precisamente do sistema de "neutralidade", que se sedimenta no interior da própria sociedade.[202] Assim, por exemplo, se a imparcialidade judicial (a posição de "não saber" o destino que terá uma determinada causa – e que muitos confundem com a neutralidade da Agência Judicial) constitui uma garantia da pessoa, igualmente serviria para dar base a esse poder intransitivo, que se internaliza na sociedade como um poder legítimo de restringir a liberdade humana em nome de abstrações como o "interesse público" ou o "bem comum". Quando internalizado na sociedade como poder legítimo, o poder de ditar (declarar e/ou realizar em concreto) o direito, fundado na ideia de soberania, promove uma conformação das várias ideologias e interesses particulares à ideologia e aos interesses dominantes. Os interesses e ideologias dos detentores do poder passam a ser apresentados como interesses do Estado e ideologicamente "neutros".

Nesse contexto, o Poder Judiciário não é simplesmente aquele que julga conflitos por força da lei, movido pela imparcialidade, mas sim aquele que empresta (explícita, por meio da decretação da prisão e de medidas que restringem a liberdade de indivíduos, ou implicitamente, a partir da retórica da "imparcialidade judicial", apresentada como uma espécie de neutralidade de seus agentes) sua chancela à convergência

---

202 GÖHLER, 2011. p. 244 e seguintes.

artificial e ideológica da chamada vontade individual de alguns à "vontade coletiva", supostamente encarnada no Estado. O interesse político seria, portanto, aquele que é hegemônico no âmbito de um bloco no poder e que acaba por condicionar o exercício dos poderes do Estado. Uma característica básica dos interesses políticos é justamente a de se apresentar como "interesse público" e, ao mesmo tempo, camuflarem seus objetivos, na forma de objetivos latentes, sem qualquer referência às condições reais de existência das pessoas afetadas, que não são apenas os imputados no processo penal, senão todas as que vivem em sociedade.

A diferenciação entre interesse privado e interesse público parece estar presente também na obra de Aristóteles, quando esse autor busca discutir sobre se os legisladores devam atender ao interesse geral da cidade ou ao interesse particular dos cidadãos. Com base nisso, assinala a qualificação do governo como puro ou sadio, à medida que sirva ao interesse geral, ou como viciado ou corrompido, quando serve apenas ao interesse de um ou de alguns.[203] Procedendo, ademais, à análise de divisão de funções na sociedade, diz Aristóteles que, antes de tudo,

> existe, pois, uma classe numerosa que está encarregada de prover à subsistência dos cidadãos, os lavradores. A segunda classe é a dos artesãos, entregues à prática das artes sem as quais um Estado não poderia existir; e, dessas artes, umas são de uma necessidade absoluta, outras servem ao luxo e aos prazeres que fazem a felicidade da vida. A terceira é a dos comerciantes, e por isso eu entendo todos os cidadãos que se ocupam em vender e comprar, que passam a vida

---

203  ARISTÓTELES, 2011, p. 101.

nos mercados públicos e nas lojas. Os mercenários formam a quarta classe. Na quinta classe se encontram os guerreiros, que devem lutar pela defesa do Estado: ela não é menos necessária que as outras, se se quer impedir que o Estado seja dominado por aqueles que queiram atacá-lo.[204]

Assim, quando Aristóteles define o interesse geral a partir de sua vinculação ao bem de todos, mas, ao mesmo tempo, ignora a condição dos escravos como força produtiva, acaba por deixar evidente que o interesse público, desde então, já era o interesse político do bloco dominante.

Por meio desse mecanismo de ocultação da funcionalidade real da sociedade, relacionado ao "poder intransitivo", o interesse político se apresenta como interesse público, à medida que camufla as condições concretas de existência daqueles que arcam com as tarefas de manutenção do próprio sistema, mas são ignorados ou controlados por ele. Mesmo depois da abolição da escravatura, esse panorama não mudou. As promessas da modernidade apresentas na Revolução Francesa (Liberdade, Igualdade, Fraternidade) nunca se concretizaram. O mesmo esquema de cominação-exploração-opressão permanece e foi potencializado no capitalismo contemporâneo (a hegemonia neoliberal levou a um "capitalismo sem luvas", sem verniz democrático ou humanista). A elite dominante assume o Estado, o poder econômico volta a se identificar pornograficamente com o poder político e exerce violência direta sobre os subalternos enquanto os estimula, por meio dos poderes latentes, das estratégias de cooptação e das técnicas de idiossubjetivação a aceitarem as regras postas.

---

204  *Ibid.*, p. 203.

Uma das preocupações do Estado moderno foi definir os comportamentos que deveriam ser proibidos ou tornados obrigatórios. Embora o princípio da legalidade já expressasse seus indícios no direito romano, com o sistema dos precedentes ou dos atos pretorianos, o certo é que, como produto de uma longa reflexão doutrinária, a exigência de uma prévia definição da conduta a ser criminalizada só veio a se constituir como elemento estrutural da ordem jurídica a partir do Iluminismo. São muitas as explicações para a necessidade desse princípio, como as que Beccaria apresentou, as quais, porém, podem ser resumidas, em melhor estilo, na formulação dada por Ludwig Feuerbach como consequência de sua teoria da coação psicológica das normas: se a norma tem por objetivo evitar delitos, por meio de uma coação sobre as pessoas em face das consequências que isso poder-lhes-ia acarretar, está claro que seria indispensável que essas pessoas soubessem como deveriam se comportar. E ninguém pode se comportar de uma determinada maneira sem que tenha conhecimento das regras que disciplinam esse comportamento, as quais, para tanto, têm que ser prévias à sua execução.

O princípio da legalidade, no entanto, aparece como um princípio formal e, como tal, pode preencher dois objetivos: limitar a intervenção do Estado sobre a liberdade pessoal somente às hipóteses previamente previstas em lei, e, também, justificar a imposição da pena, quando preenchido aquele requisito da definição prévia e a constatação de sua infração. O princípio da legalidade serve de legitimação das ações do Estado e ampara as pretensões punitivas, se exteriorizando como uma formulação linguística.

Examinando mais de perto o princípio da legalidade, pode-se concluir, porém, que sua análise não se esgota em uma reflexão sobre seu conteúdo e seus efeitos, a partir do momento em que se inicia o processo criminalizador. Na verdade, o grande problema dos códigos criminalizadores reside na identificação das matérias e dos requisitos para a ação estatal em resposta às condutas selecionadas como crimes. Em outras palavras, o desafio é desvelar o interesse político (a "vontade geral") que anima a construção legal em matéria penal e processual penal. A grande pergunta é essa mesma: como é escolhido o comportamento a ser criminalizado e como são impostos os requisitos para a restrição da liberdade de um indivíduo? À primeira vista, algumas criminalizações poderiam se apresentar como uma exigência necessária ao processo civilizatório, tal como se concebia na teoria do contrato social. Hobbes dizia que o Estado teria como objetivo conter a barbárie. Essas criminalizações primárias teriam por finalidade conter a barbárie e corresponderiam aos atentados aos chamados bens jurídicos fundamentais: a vida, a integridade física, a liberdade e até mesmo o patrimônio. Esses eram os bens tidos como básicos de uma civilização. Mais tarde, com a complexidade das relações sociais, outros bens e interesses foram incorporados à lista inicial, alguns como dados materiais (como o patrimônio público) e outros como simples funções (como a política tributária). Desde a primeira lista até as mais recentes, que englobam as afetações dos chamados interesses coletivos e difusos, ainda persiste a dúvida acerca dos procedimentos ou métodos a serem utilizados na identificação desses bens jurídicos e, consequentemente, na definição das condutas criminosas, bem como da efetividade das respostas estatais a esses desvios.

Embora, aparentemente, com as criminalizações o Estado busque a defesa do que se afirma ser o interesse público, como interesse da comunidade, pode-se dizer que em todas as criminalizações estão subjacentes os interesses políticos dominantes em uma determinada quadra histórica. Veja-se, por exemplo, a questão do aborto: sua criminalização não afeta diretamente as camadas mais ricas da população, as quais podem realizá-lo em clínicas de luxo, com o auxílio de médicos de confiança, e até fora do país, onde ele é permitido sem maiores exigências, salvo o tempo de gestação. Quem mais sofre com essa criminalização é a mulher pobre, que não tem recursos para abortar fora do país ou na clínica de um médico particular de confiança, mediante uma elevada remuneração. O mesmo ocorre com o patrimônio. As infrações patrimoniais leves não afetam os ricos, salvo em sua comodidade ou egoísmo, mas os afeta quando impliquem somas elevadas, às quais só pequena parte da população teria acesso. Nesses dois exemplos já se pode ver que o interesse político, confundido com o interesse público, não gera os mesmos efeitos para os pobres e para os ricos. A seletividade e a adesão à lógica das opressões são inerentes aos processos de criminalização. Mais complexas se tornam as coisas quando se trate dos bens coletivos ou dos interesses difusos. Veja-se, por exemplo, como se dá a criminalização da sonegação fiscal. De conformidade com a legislação vigente e sua interpretação jurisprudencial, a sonegação fiscal só se consuma quando confirmada pelo Conselho de Contribuintes, hoje denominado Conselho Administrativo de Recursos Fiscais, de tal forma que antes dessa confirmação poderá se caracterizar o fenômeno do arrependimento eficaz (CP, art. 15), desde que o contribuinte pague o imposto devido. E mais: mesmo depois da consumação do fato, ainda no curso de ação penal, o pagamento do imposto extingue a punibilidade da conduta (Lei nº 10.684/03 e Lei nº 12.383/11). Fazendo-se uma comparação com os demais delitos de fundo patrimonial, normalmente praticados por pobres e miseráveis, percebe-se que as coisas se dão de maneira diferente: a restituição da coisa furtada ou o pagamento de seu valor, depois da consumação do furto, mas antes do recebimento da denúncia, só implica uma redução da pena de 1/3 a 2/3 (CP, art. 16), jamais à caracterização da extinção de sua punibilidade. Vê-se, pois, que o tratamento das criminalizações não é simétrico, conforme o interesse que determina a escolha dos crimes, das penas e dos procedimentos em resposta às condutas humanas selecionadas pelo legislador para figurar como "crimes".

Essa assimetria faz parte do sistema de seletividade, que corresponde à própria divisão da sociedade em classes sociais distintas. Por mais que queiram esconder, a diferença entre as classes se faz sentir no tratamento conferido pelo Estado. No capitalismo, a seletividade é a principal característica do sistema penal. Quando essa assimetria induz a um direito penal do autor (nas hipóteses em que a pessoa passa a ser punida pelo que é, como no modelo penal nazista, e não pelo que faz, como nas democracias) e, tendo em conta o poder estatal que se apresenta sem oposição, aproveitando-se de um sistema legitimado por sua aparente neutralidade, com o recurso à retórica do "interesse geral" ou da "vontade da população", nascem os estímulos para se instituir uma política penal populista.

O populismo penal nasce, então, de uma política estatal que se justifica e, ao mesmo tempo, busca apoio, na população, na "voz das ruas", para se legitimar. Pouco importa para o populista que essa "voz das ruas" tenha sido produzida sem informação de qualidade disponível ou mesmo que as classes subalternadas nunca consigam ser ouvidas. Tem-se aqui presente que o Estado, ao aderir a essa política, não está orientado pelo interesse geral no sentido da felicidade aristotélica, mas sim no fortalecimento do próprio poder de produzir efeitos sobre a população, eliminado indivíduos percebidos como indesejáveis ou agradando auditórios (e eleitores) autoritários. Sob esse enfoque, pode-se distinguir, como indica Zaffaroni, duas espécies de populismo: aquele decorrente de uma política de exclusão, como ocorria no direito penal nazista, o chamado *völkisches Strafrecht*, ou seja, o "direito penal do povo", que deveria atender aos interesses da comunidade alemã em detrimento dos demais segmentos da população (judeus, ciganos, negros, imigrantes, eslavos, asiáticos, deficientes, transsexuais ou com diversas orientações sexuais), e o *popularismo*, que se manifesta mais nitidamente nos dias de hoje, voltado quase que exclusivamente para fins eleitoreiros. Afora essa classificação, pode-se ver como no Brasil será possível identificar ainda mais outras duas formas de populismo: um populismo como expressão de um líder carismático, ao estilo definido por Weber, e um populismo midiático.

Essas formas ou espécies de populismo, vale dizer, dialogam e se retroalimentam, a ponto de formar um conjunto: o estilo populista em matéria penal. São características desse estilo populista penal:

a) a criação de uma separação artificial da sociedade em dois campos, a saber: entre um "nós", os "homens de bem", e um "eles", os inimigos (criminosos, comunistas, promíscuos, degenerados etc.);
b) o recurso e a exploração das emoções (ódio, medo, ressentimento, inveja etc.) em detrimento de dados objetivos, das teorias e dos limites legais, éticos e epistemológicos.

O populismo carismático, por exemplo, pode, de certo modo, corresponder ao conceito de populismo estratégico, proposto por Ernesto Laclau,[205] pelo qual se buscaria a identificação das pessoas com um líder que pudesse encarnar a pretensão de todos. Ainda que estratégico, em termos políticos, para a obtenção de uma legitimidade aclamada, o populismo carismático no Brasil sempre se apresentou como voltado para a proteção das necessidades, inclusive de sobrevivência e segurança, da população em geral, na forma de medidas declaradamente voltadas a assegurar o acesso aos gêneros de primeira necessidade. Nítido exemplo desse populismo pode ser visto nas disposições da Lei de Economia Popular (Lei nº 1.521/51), que na realidade reproduziu os termos do Decreto 869/38, da era Vargas. Nesse dispositivo, expressamente se afirma, como modalidade de interpretação autêntica, que na configuração dos crimes previstos nessa lei:

> bem como na de qualquer outro de defesa da economia popular, sua guarda e seu emprego considerar-se-ão como de primeira necessidade ou necessários ao consumo do povo, os gêneros, artigos, mercadorias e qualquer outra espécie de coisas ou bens indispensáveis à subsistência do indivíduo em condições higiênicas e ao exercício normal de suas atividades. Estão compreendidos nesta definição os artigos destinados à alimentação, ao vestuário e à iluminação, os terapêuticos ou sanitários, o combustível, a habitação e os materiais de construção.

---

205  LACLAU, 2008, pp. 122-123; DARDOT; LAVAL, 2020, p. 924.

Por seu turno, o populismo midiático não visa à satisfação de necessidades básicas da população, mas sim aos interesses dos grupos econômicos e financeiros dominantes que patrocinam e condicionam o funcionamento dos meios de comunicação de massa, por meio de uma cooptação dos cidadãos à sua política de segurança (na qual o bem jurídico "segurança", deixa de significar a busca da segurança de todos os direitos para assumir a condição de uma mercadoria a ser adquirida por alguns), representada pela suposta proteção de seus bens individuais, principalmente patrimoniais. Significativo exemplo da mudança de rumos das espécies de populismo são as normas que definem as infrações aos direitos do consumidor. Ao invés de visar à proteção do acesso do povo aos meios de subsistência, como constava da Lei nº 1.521/51 (Lei de Economia Popular), a Lei nº 8.079/90 (Código do Consumidor) assegura-lhe, praticamente, entre outras coisas, apenas o direito de informação sobre os produtos a serem consumidos. Justamente nesse ponto, o Estado, coonestado pelos meios massivos de comunicação, não está interessado se a população irá ou não ter condições de adquirir os bens de que necessita; sua atenção vale apenas no sentido de proteger o mercado de circulação de bens e serviços, assegurando informações sobre o que deseja comprar. Mais importante para esse populismo, portanto, será a propaganda correta acerca dos produtos consumidos acriticamente pelos consumidores do que propriamente o atendimento das necessidades básicas dos cidadãos. Nele, o chamado Estado do Bem-Estar Social perde espaço para o mercado.

Visto desse modo, será possível compreender como e por que o Congresso Nacional se dedica a reformar a legislação penal, quase todas as semanas, unicamente para adequar a política criminal à propaganda e aos desejos punitivos artificialmente construídos na sociedade. Se as políticas públicas não visam senão ao processo eleitoral, o populismo midiático serve perfeitamente aos seus objetivos. Soluções mágicas (e ineficazes) com potencial de gerarem votos de pessoas autoritárias, desinformadas ou deformadas pelos meios de comunicação de massa.

Convém ponderar, por outro lado, que, apesar dos legítimos objetivos daqueles que defendem a igualdade de gênero e, também, de raça, etnias ou locais de nascimento e procedência, são incorporados nessa espécie de populismo midiático as criminalizações generalizadas das ofensas às pautas identitárias, como soluções que pretendem apresentar o poder punitivo como o melhor e mais direto caminho para atender a essas reivindicações. Na verdade, ao expandir a criminalização a todas as condutas que, direta ou indiretamente, afetam essas pautas, o populismo midiático fortalece o poder de punir do Estado e o paradigma do "homem branco", bem como solidifica seu poder intransitivo. Nesse ponto, pode-se compreender os argumentos de Zaffaroni de caracterizar os meios massivos de comunicação como verdadeiros partidos políticos, agências penais que visam ditar a política estatal em benefício dos interesses de seus donos, acionistas ou patrocinadores.

Há, assim, uma relevante discrepância no juízo axiológico incidente sobre o processo criminalizador, conforme as características dos bens jurídicos afetados, as quais estão menos vinculadas ao conteúdo das condutas e muito mais aos interesses políticos de manter certos imputados excluídos da sociedade (os indesejáveis) ou, em sentido inverso, afastados do sistema penal (os homens de bem). Sob esse panorama, o direito penal do autor continua a vigorar, negativa ou positivamente, consoante os bens afetados, mas com a particularidade de encobrir os verdadeiros objetivos da criminalização. De qualquer modo, o direito penal do autor tem que ser criticado, não por sua benevolência para com certos comportamentos, mas principalmente por sua seletividade na punição.

Pode-se, ainda, apontar a relação entre a "ignorância", o "egoísmo" e o "medo" para explicar a naturalização das campanhas de "lei e ordem" (*law and order*), movimento de política criminal que defende o aumento da repressão e a intolerância com os desvios sociais como respostas aos mais variados problemas e conflitos, inclusive os mais insignificantes, e o populismo penal, a manipulação política dos sentimentos de medo e de insegurança a partir do fenômeno criminal, com o aumento de penas, a instrumentalização do direito penal, a relativização das formas processuais (nas democracias, as formas e as "regras do jogo" processuais são garantias contra a opressão) e o afastamento dos direitos e das garantias fundamentais.

A ignorância aumenta o medo ligado ao desconhecido e, assim, instaura uma espécie de fervor punitivo que se acredita útil à redução da insegurança gerada por esse quadro. A racionalidade neoliberal fomenta este medo, que também se transforma em uma oportunidade de negócios. A segurança torna-se uma mercadoria a ser explorada tanto por particulares quanto por governantes e, ao mesmo tempo, um dos principais temas políticos da sociedade. O Estado neoliberal (e, portanto, pós-democrático, na medida em que relativiza os direitos fundamentais em razão dos interesses dos detentores do poder econômico) arma-se e investe em políticas penais como forma de reafirmar aos olhos da população uma soberania (o que se dá por práticas de exceção, da nomeação dos inimigos, da discricionariedade policial, de uma polícia "forte", da relativização dos direitos fundamentais, de uma magistratura disciplinada etc.) que as próprias políticas neoliberais tornaram frágil. Aliás, importante reafirmar que, no capitalismo, não há qualquer incompatibilidade entre o mercado (de maneira mais direta: os detentores do poder econômico) e o Estado: o mercado precisa do Estado para ajudar nos negócios e aumentar a margem de lucro dos detentores do poder econômico.

Em nome de uma visão de "segurança", que atende ao egoísmo e à ignorância, multiplicam-se as criminalizações de condutas, o agravamento de penas, a intolerância com a diferença e o número de encarcerados. A demografia carcerária foi multiplicada, bem como o número de pessoas vigiadas e submetidas a medidas de restrição da liberdade fora dos cárceres. Ao contrário do que se poderia imaginar, este movimento político, jurídico e cultural, que implica o fortalecimento da repressão em detrimento dos direitos fundamentais, não guarda relação necessária com o aumento da criminalidade, mas com a necessidade de controlar os indesejáveis e, ao mesmo tempo, dar respostas à sensação de insegurança difusa na sociedade.

A violência e o recurso ao sistema penal tornaram-se as únicas linguagens possíveis para o Estado tratar de problemas sociais graves em uma sociedade na qual o comum foi demonizado, os laços sociais foram enfraquecidos (com pessoas tratando outras pessoas como objetos para a própria satisfação ou como empresas concorrentes) e os valores compartilhados se encontram cada vez mais enfraquecidos. Não por acaso, juízes, promotores e procuradores tornam-se atores políticos relevantes.

O discurso político cada vez mais recorre aos significantes "segurança" e "punição". Mais do que a ideia de busca por justiça ou por equidade, os símbolos do poder estatal tornam-se a polícia e a prisão, como percebe Denis Salas. A espetacularização das ações policiais ajuda a naturalizar a redução do Estado e da política à polícia. Esta visão de mundo reducionista e autoritária, em que a violência estatal se apresenta como a solução para os mais variados problemas sociais, é partilhada pelos meios de comunicação de massa e repercute na produção legislativa e na aplicação do Direito tanto pelo Poder Executivo quanto pelo Poder Judiciário. Fala-se em uma "deriva por segurança" em detrimento dos direitos. Em razão do modo de ver e de atuar neoliberal, o próprio significado de "segurança" sofre uma transformação: no lugar de representar a "segurança de direitos primários" (segurança, portanto, da vida, da integridade física, da saúde etc.), a segurança torna-se uma mercadoria que tem valor por si só, ou seja, a segurança-mercadoria independe da proteção dos direitos primários e, inclusive, pode contrariá-los.

Diante de um crime, a ação estatal não busca mais a moderação e a adequação na resposta ao fato reprovável. Ao contrário, a resposta ao fato apontado como criminoso é marcada pelo excesso, pela ilimitação tipicamente neoliberal, e tal excesso é percebido por amplos setores da sociedade como uma demonstração de comprometimento e de vigor na luta contra o crime e a insegurança. Neste movimento, as instituições democráticas e os direitos fundamentais passam a ser vistos como obstáculos à eficiência punitiva. Tem-se "o encontro de uma patologia da representação e de uma patologia da acusação", em razão do qual o desejo de punir (acusar, julgar e executar) torna-se uma paixão popular a ser explorada no campo político, em uma sociedade que acredita em respostas mágicas e, não raro, desproporcionais às agressões reais e imaginárias atribuídas aos seus membros desviantes. Com isso, instaura-se uma escalada de violência, na qual a resposta a qualquer desvio é o recurso a mais violência, em uma espiral tendencialmente infinita: a ideia de punir o "mal" passa a ser regida pela mesma lógica que levou ao mal que se quer punir.

Os processos de idiossubjetivação, ou seja, de produção do sujeito adequado ao projeto neoliberal, que favorecem todas as formas de populismo (de "direita", de "esquerda", religioso, fundamentalista etc.), fazem com que o populismo penal ocupe o centro da radicalização do poder de punir. Há, em razão deste fenômeno, um momento em que a sociedade, cada vez mais incapaz de refletir e de encontrar soluções criativas para os seus variados problemas, passa a investir em "segurança", em detrimento de um modelo estatal de atuação comprometido com respostas adequadas e proporcionais aos atos delituosos, ou mesmo com a ressocialização do indivíduo que realiza uma conduta definida pela lei como criminosa. Busca-se, então, neutralizar os riscos e controlar os indesejáveis que o regular funcionamento da sociedade, sob a égide da racionalidade neoliberal, gera sem cessar.

Para além da funcionalidade (controle dos indesejáveis) adequada ao projeto político neoliberal, a adesão ao populismo penal, com a manipulação das emoções e das paixões produzidas e potencializadas pelos mecanismos de idiossubjetivação, gera proveito eleitoral para uma elite política que, uma vez eleita, atua para reduzir a política à polícia. Aliás, vela-se o desentendimento que permite a verdadeira política: a resposta simples e fácil é a punição de indivíduos. Cada vez se torna mais difícil, e eleitoralmente menos proveitoso, que existam performances políticas capazes de colocar em relevo outros temas que não a segurança, como a educação ou a justiça social.

Como percebe Didier Fassin, "não se pode contentar em invocar o sentimento de insegurança da população, como fazem alguns, ou a sua manipulação pelas elites, como outros asseguram. É a combinação desses dois fenômenos que produz esse entusiasmo irrefletido constatado" com o populismo penal. As consequências concretas desta adesão irrefletida são facilmente identificáveis: de um lado, a criminalização de fatos que, antes, eram considerados indiferentes penais (e, no máximo, percebidos como inconvenientes inerentes à vida em sociedade); de outro, o agravamento das sanções pelos fatos já criminalizados, tudo a ampliar o controle, que interessa aos detentores do poder econômico e/ou político, sobre ampla parcela da população, tanto pelo encarceramento quanto por outras medidas de restrição da liberdade.

Também não podem ser ignoradas as pressões do poder econômico e dos meios de comunicação de massa sobre os agentes estatais encarregados da persecução penal, ou seja, da atividade estatal voltada à investigação e à punição de fatos definidos como crimes. Pressões que fazem com que muitos destes agentes (policiais, promotores de justiça, Procuradores da República, juízes, ministros dos tribunais superiores etc.), para se proteger de ataques e de perseguições em suas carreiras ou de abalos em suas imagens públicas, acabem por adotar posturas autoritárias, relativizando direitos fundamentais, desde a fase de investigação dos delitos até a aplicação de penas severas e a determinação de prisões que, em outro contexto, seriam tidas por desnecessárias.

Em sociedades fragilizadas, marcadas pelo medo e pela ignorância, o poder de punir passa a ser mais empregado, e a ação estatal adota uma justificativa baseada na retórica bélica. Instauram-se "guerras" contra as "drogas", contra a "corrupção", contra o "estrangeiro" etc. Guerras que, como sempre, são contra pessoas percebidas como matáveis: os inimigos/indesejáveis, seres descartáveis. Dentro desta lógica, que não se mostra sensível a qualquer complexidade, toda hesitação na "guerra ao crime", no "combate à insegurança", é uma "fraqueza", uma "negatividade" incompatível com a configuração neoliberal. Toda reflexão crítica é, de igual sorte, percebida como uma cumplicidade. Por isso, toda resposta ao crime acaba por ser exagerada, como forma de exorcizar as agressões reais e imaginárias à sociedade.

A incapacidade de reflexão, incentivada pelos meios de comunicação de massa e pelas redes sociais, impede a identificação do conflito e dos riscos concretos produzidos pelas ações definidas como crimes. A vítima é, por sua vez, instrumentalizada para servir ao recrudescimento penal. A imagem da vítima (e das vítimas em potencial) se torna onipresente e é usada em uma cultura de guerra/concorrência; não se trata da vítima singular, da pessoa que suporta em concreto a ação delituosa, mas da vítima invocada, abstrata, imaginária, presente nos discursos midiáticos, políticos e judiciários e que, não raro, apresenta-se como a sociedade.

Como explica Salas, "essa exacerbação da reação social, verdadeira invocação de um povo imaginário, provoca uma paralisação das mediações democráticas". Vale mais a opinião pública (a opinião que é vendida pelos meios de comunicação de massa como a "do povo") do que as regras, os princípios e os valores democráticos que deveriam condicionar a atuação estatal. Cada vez mais, a linguagem utilizada no Sistema de Justiça, e no campo político que adere ao populismo penal na busca por votos, será a do escândalo criminal.

Ao tornar-se dependente da opinião pública (uma espécie de registro imaginário do "povo"), a ideia de "democracia" passa a ser modulada por preconceitos e por pânicos morais que se propagam em uma sociedade submetida às máquinas de produção de uma subjetividade acrítica (meios de comunicação de massa, redes sociais, *podcasts*, programas televisivos, propaganda etc.). As ações dos agentes políticos, dos atores jurídicos e dos meios de comunicação passam a ser condicionadas por um contexto de ameaça, real ou imaginário, à sociedade. Condenações morais (e inapeláveis) são produzidas em larga escala, tanto à direita quanto à esquerda do espectro político. Instaura-se um poder de punir tendencialmente ilimitado como uma espécie de reafirmação do poder estatal.

Também o processo penal é reduzido a uma mercadoria: uma mercadoria espetacular. O fato perde importância para o enredo do espetáculo, que tem por finalidade agradar aos espectadores (no caso brasileiro, espectadores lançados em uma tradição autoritária). O procedimento não servirá à tentativa de reconstruir a verdade a partir das provas produzidas pelas partes, mas à confirmação da hipótese acusatória. O desejo de "democracia" é substituído pelo desejo de "entretenimento". Há uma divisão maniqueísta entre "mocinhos" (quem acusa e/ou condena) e "bandidos" (o acusado, quem o defende e/ou o absolve). O único fim aceitável será a punição, o único resultado capaz de agradar ao público.

É preciso que a luta contra a insegurança e a punição dos criminosos se dê de forma ostensiva e espalhafatosa como forma de reafirmar o poder do Estado (em especial, o poder de definir o tratamento a ser dado aos "amigos" e aos "inimigos", aos elementos "desejáveis" e aos "indesejáveis") e a coesão social. Ao mesmo tempo, tem-se uma verdadeira inflação de leis penais e processuais penais que, ao contrário de funcionar como limites ao poder de punir, como declaravam os verdadeiros liberais, passaram a recorrer a conceitos abertos e indeterminados que ampliaram o poder penal, criaram novos crimes, ampliaram as penas, reduziram as garantias individuais e aumentaram as hipóteses de prisão e de controle estatal sobre as pessoas. A questão penal, como se percebe, tornou-se um espetáculo à população e, ao mesmo tempo, uma competição política em torno dos significantes "segurança" e "punição", o que deu origem a uma nova economia da punição.

Essa nova economia da punição parte de um referencial empobrecido: a eficácia da "guerra contra o crime", a partir de cálculos de interesses hipersimplificados. Assim, limites à punição, como o princípio da legalidade (os agentes estatais só podem fazer aquilo que a lei determina) e as garantias processuais de um processo justo (vedação da prova ilícita, contraditório, ampla defesa, devido processo legal, presunção de inocência etc.), são percebidos como "fraquezas" em uma sociedade dividida entre as "pessoas de bem" (nós) e os "delinquentes" (eles). Para combater o crime, em nome da segurança da sociedade, violam-se regras, princípios e valores democráticos e republicanos.

Esse quadro cria uma contradição insuperável: agentes do Estado violam a lei para mais facilmente punir quem acreditam ter violado a lei. Impede também a tensão constitutiva de todo sistema penal democrático, que se dá entre a compreensão que explica as condutas humanas e a incompreensão que leva à acusação/à punição dos atos praticados pelo agente, entre a clemência e a punição. Desaparece qualquer capacidade de compreender ou de ter empatia por quem viola a lei penal. Inviabiliza uma ética do reconhecimento mútuo porque se construiu uma indiferença ao olhar do outro, sempre percebido como um concorrente ou um inimigo.

Com a mutação neoliberal das subjetividades, instaura-se um "momento punitivo", porque se alterou tanto a sensibilidade às ilegalidades e aos desvios, em razão da lógica da concorrência somada à incapacidade de compreensão das diferenças (que leva à perda da empatia), quanto o foco das ações e dos discursos públicos, deslocando-o para a questão da segurança e da prisão.

De um lado, produziu-se a intolerância com a diferença. Cada vez mais, as pessoas se tornam intolerantes com opiniões contrárias às suas, com hábitos de vida e costumes diferentes e com problemas que atingem terceiros. Em apertada síntese, o indivíduo tornou-se intolerante com qualquer pessoa ou coisa que possa atrapalhar a sua existência. Diversos conflitos e situações problemáticas que, antes, eram resolvidos com diálogo, ou mesmo ignorados por insignificantes, passaram a ser tratados como questões de polícia ou de justiça penal. Deu-se, igualmente, uma moralização seletiva e rasteira do mundo-da-vida, com a defesa da criminalização dos desvios do "outro" concomitante com a naturalização dos próprios desvios. De outro lado, o "direito à segurança" contra os inimigos, entendido a partir da lógica neoliberal, passa a ser o paradigma de atuação do poder penal do Estado. Instala-se um quadro de insegurança de aspecto poliforme que autoriza uma espécie de "vale tudo" na luta contra o crime ou, mais precisamente, contra a sensação de insegurança. Diante das ameaças, reais e imaginárias, à segurança individual, o coletivo perde importância, e o "comum" (por exemplo, os direitos e as garantias fundamentais que deveriam funcionar como limites democráticos ao exercício do poder) passa a ser percebido como uma negatividade. Não por acaso, *slogans* pueris passam a dominar o debate político para representar o imperativo de proteção da sociedade: "bandido bom é bandido morto", "tolerância zero", "redução da maioridade penal", "pelo direito de não ter direitos", "pela volta da ditadura militar".

Não raro, os detentores do poder político acabam por reforçar, ou mesmo antecipar, as inquietudes securitárias dos cidadãos idiotizados (idiota é, por definição, o indivíduo egoísta, o sujeito fechado em si, em especial fechado ao outro do conhecimento e ao outro da diversidade), isso porque apostam que respostas criminalizantes e encarceradoras com potencial de reduzir os medos e as ansiedades populares ligadas à questão da segurança, mesmo que distantes do marco constitucional, resultarão em proveitos eleitorais. Ajudados pelos meios de comunicação de massa, que tratam dos mais variados problemas como espetáculos empobrecidos de toda a complexidade social, as elites dramatizam essas situações problemáticas, potencializam os medos da população e buscam reforçar a imagem da própria autoridade, com demonstrações de severidade.

Em matéria de repressão penal, o espaço público acaba remodelado por três sistemas que atuam na formação de uma nova subjetividade adequada ao neoliberalismo: o político, o midiático e o judicial. Estes sistemas, que levam à idiossubjetivação (o processo de formação do sujeito ideal para o modelo neoliberal), transformaram a punição em uma paixão contemporânea. Depois de uma "fase preparatória", em que a mídia produz uma narrativa difusa sobre os riscos crescentes a que a sociedade está submetida e a necessidade de segurança, há uma "fase de impacto", na qual se explora e se tenta criar uma conexão entre vários fatos (crimes que adquirem repercussão midiática, fenômenos isolados etc.), graves ou não (a seletividade é a marca nas escolhas penais), atribuindo a determinadas condutas indesejadas ou a grupos de pessoas a etiqueta de ameaças à sociedade ou de inimigos a serem neutralizados; por fim, a "fase de reação", que se dá tanto no âmbito político, com a criação de leis e a legitimação de novos dispositivos de segurança, como na esfera judicial, com a aplicação de penas altas, de medidas de restrição da liberdade e de encarceramentos desnecessários à luz da legislação.

Em uma sociedade forjada para não refletir, consumir acriticamente, naturalizar a opressão e perceber o "outro" como um concorrente a ser vencido ou um inimigo a ser neutralizado, a simplicidade da resposta punitiva, apresentada como fórmula mágica para os mais variados problemas sociais, dos mais complexos aos mais insignificantes, torna-se atrativa. Pode-se até falar em uma crença na punição que não cede diante de argumentos racionais ou de dados empíricos que demonstrem a ineficácia da punição para resolver a sensação de insegurança ou os problemas reais suportados pela população. Vale insistir: os movimentos de "lei e ordem" e as ações legislativas e jurisdicionais condicionadas pelo populismo penal caracterizam-se por apresentar soluções fáceis para problemas complexos, envolvendo situações concretas em que a reposta penal (prisão, processo de conhecimento, aplicação e execução de penas etc.), não raro, acaba por agravar o quadro conflituoso. A ignorância, incentivada pelos detentores do poder econômico, sobre a inefetividade das respostas penais (que, quase nunca, atendem aos objetivos de prevenir novos crimes ou de ressocializar os infratores), funciona como um fator de legitimação popular do controle penal dos indesejáveis.

A vingar um juízo minimamente adequado à racionalidade democrática (ou seja, um modo de ver e atuar no mundo que respeita os princípios, regras e valores democráticos), o processo criminalizador deveria ser submetido a alguns requisitos prévios, a saber:

a) a avaliação de seus efeitos concretos na comunidade, ou seja, seu impacto social, de modo a verificar até que ponto suas consequências poderiam implicar em uma dessocialização dos imputados;
b) saber se os objetivos latentes da incriminação corresponderiam aos seus objetivos manifestos, ou seja, mediante uma transparência de seus componentes ideológicos para que os destinatários das normas pudessem saber como o Estado os quer tratar, sem enganá-los com sua política pública;
c) averiguar até que ponto a criminalização não ofende a estrutura do Estado Democrático de Direito (que se caracteriza pela existência de limites rígidos ao exercício poder), em face da violação dos preceitos básicos da dignidade humana e da igualdade, e sem que a perda da liberdade se torne caudatária de fórmulas abstratas incabíveis de serem empiricamente demonstradas.

Nesse contexto, será importante, então, pôr à prova não apenas o processo criminalizador, mas principalmente os instrumentos que servem de base para sua perpetuação na sociedade, de modo a fazer com que a perda ou restrição da liberdade constitua uma medida excepcional, incapaz por si só de legitimar o exercício da violência estatal. É preciso, pois, construir um imaginário democrático no qual a prisão volte a ser percebida como uma medida excepcional.

# 8

# CONSIDERAÇÕES FINAIS

Com a "era de ouro" do capitalismo que se seguiu ao fim da Segunda Guerra Mundial, diante do crescimento expressivo da riqueza produzida, criou-se a expectativa da redução das desigualdades. A derrota do nazismo e a reflexão sobre as consequências da guerra pareciam apontar à condenação do pensamento autoritário, sobretudo o que se manifestava através do poder de castigar e exterminar. Havia relativo consenso de que a produção de dor pelo Estado havia chegado ao auge com o nazismo e que o declínio dos modelos autoritários seria iminente. Instaurou-se um tempo de otimismo, no qual se apostava em uma sensível diminuição dos conflitos a tornar cada vez mais próximo o momento em que se daria a repartição, distribuição e retribuição do gozo.

A revolução tecnológica, com o avassalador domínio da técnica, ao produzir a promessa de submissão da natureza aos desejos dos indivíduos, gerou a crença no aumento da produção, com a diminuição das jornadas de trabalho e a valorização das pessoas. Anunciava-se uma sociedade inclusiva. Não por acaso, entre os teóricos do sistema penal festejava-se o declínio da prisão. O encarceramento, tanto como pena quanto como medida assecuratória da persecução penal, era visto como um fenômeno em declínio inevitável, que seria substituído em médio prazo por outros instrumentos de controle social mais discretos e menos ofensivos. Todavia, esse prognóstico revelou-se completamente equivocado.

Com a diminuição da mão de obra necessária à manutenção do sistema capitalista, aumentou o número de indivíduos indesejáveis aos olhos dos detentores do poder econômico. O poder político voltou a se aproximar pornograficamente do poder econômico, enquanto os direitos e as garantias fundamentais passaram a ser percebidos como obstáculo ao lucro ou à eficiência repressiva do Estado. Em razão desse quadro, passou-se a recorrer, cada dia mais, ao encarceramento em massa de parcela da população como estratégia de contenção de uma multidão de miseráveis, que não se mostrava "útil" nem à produção nem ao consumo de bens, bem como não interessava ao mercado financeiro. De igual sorte, os inimigos do projeto neoliberal, tais como lideranças populares, integrantes de movimentos sociais, intelectuais e funcionários públicos que não se venderam ao *mainstream* também passaram a figurar como inimigos a serem controlados através do sistema penal.

## CONSIDERAÇÕES FINAIS

O otimismo, gerado com a derrota das forças que encarnavam o ideal autoritário/fascista, durou pouco. Com o pós-guerra também se deu o alargamento da sociedade de consumo e o correlato processo de uniformização e negação das diferenças. Já nesse momento, ao diferente reservou-se o papel de inimigo. Em pouco tempo, o sonho de uma sociedade inclusiva deu lugar ao projeto de uma sociedade excludente. Em substituição ao Estado Social, que se tentava construir a partir de pressões populares, percebe-se o crescimento do Estado Penal, forma de conter os indesejáveis e manter as estruturas de dominação. Diante desse quadro, a partir da década de sessenta, em especial na segunda metade da década de setenta, a prisão se revitaliza, mantendo-se como o principal instrumento de política criminal.

Vislumbra-se, desde então, um movimento que transforma o controle dos indesejáveis (pobres, inimigos políticos, dirigentes de movimentos sociais etc.), através da prisão, em uma das principais funções do Estado. O Estado que prende torna-se uma das principais manifestações do Estado a serviço dos detentores do poder econômico. Diante do desaparecimento do sonho de um futuro melhor e da falência da promessa pós-moderna de um eterno presente de felicidade, em uma espécie de morte civilizatória, a prisão aparece como o instrumento para manter o atual estado de coisas até quando for possível. Do ponto de vista ideológico, esse movimento se aproxima do neoconservadorismo político. Os neoconservadores, como também os neo-obscurantistas e os demais agentes anti-iluministas, são entusiastas da prisão. Mas, não é só. Recorre-se também a concepções moralizantes, em meio à confusão entre direito e moral, para mobilizar afetos, como a tristeza e o ressentimento, que encontrariam uma espécie de satisfação sádica com o encarceramento de pessoas.

Esse fenômeno, que se caracteriza pelo retorno da fé no poder penal, pode ser chamado de "neopunitivismo" e conta com forte adesão de atores jurídicos em um ambiente propício ao populismo, que se manifesta através da manipulação política do medo e da divisão artificial da sociedade entre o "nós" ("pessoas de bem") e o "eles" ("criminosos"). Diante desse quadro, e em meio à hegemonia da racionalidade neoliberal, que tem como marco normativo a ilimitação (o "vale tudo" na busca por lucro ou vantagens), a prisão aparece como o principal instrumento voltado à manutenção do modelo de exploração e à exclusão dos inimigos dos detentores do poder político e/ou econômico, enquanto os direitos e as garantias fundamentais passam a ser percebidos como óbices à eficiência estatal no combate à criminalidade. Ao lado do resgate da crença na prisão-pena, voltou-se a apostar na prisão provisória como meio de satisfação antecipada do desejo de punir as pessoas a quem se atribui a prática de crimes.

No Brasil, país de capitalismo tardio e de tantas promessas de bem-estar descumpridas, o problema do encarceramento em massa da população assume ares ainda mais dramáticos (sem exagero, costuma-se apontar as prisões brasileiras como novos *gulags*). E o que fazer diante desse quadro? Em princípio, só é possível superar uma tradição autoritária a partir da construção de uma cultura verdadeiramente democrática: a cultura atuando como o principal meio de dar forma e sentido democrático à vida coletiva. Democracia, por sua vez, entendida em sentido substancial, ou seja, como efetiva participação popular na tomada das decisões políticas somada ao respeito incondicional aos direitos fundamentais. De igual sorte, só é possível superar a hegemonia neoliberal com um movimento contra-hegemônico que passe pelo resgate do "comum" (os direitos fundamentais compõem uma das principais manifestações normativas do comum) e, portanto, pelo reconhecimento de uma esfera do inegociável, na qual a liberdade ocupa papel de destaque.

Por evidente, a formação de uma cultura democrática entre os agentes estatais que atuam no sistema de justiça exige a necessária compreensão de que eles devem, em cada um de seus atos, estar atentos ao projeto constitucional de vida digna para todos. A esperança, portanto, reside no elemento humano do sistema. Para compreender a forma como atua, assumir a respectiva parcela de responsabilidade pela política de encarceramento e romper com esse estado de coisas, o agente estatal que integra o sistema de justiça criminal deve, antes de tudo, se interpretar, isto é, buscar desvelar preconceitos, pré-compreensões e pulsões que o levam a naturalizar o fato de colocar dentro de jaulas outros seres humanos.

# REFERÊNCIAS BIBLIOGRÁFICAS

ALBRECHT, Peter-Alexis. *Criminologia: uma fundamentação para o direito penal*. Rio de Janeiro: Lumen Juris, 2010.

ALENCAR, Rosmar Rodrigues. *Curso de Direito Processual Penal: em conformidade com a teoria do delito*. São Paulo: Noeses, 2022.

ALEXY, Robert. *Teoría de los derechos fundamentales*. Madri: Centro de Estudios Constitucionales, 1997.

AMORIM, Pierre Souto Maior Coutinho; JARDIM, Afrânio Silva. *Direito processual penal: estudos, pareceres e crônicas*. Salvador: Juspodivm, 2018.

ANTER, Andreas. *Theorien der Macht zur Einführung*. Junius Verlag, 2018, edição Kindle.

ARENDT, Hannah. *Sobre a violência*. Rio de Janeiro: Civilização Brasileira, 2022.

ÁVILLA, Humberto Bergmann. *Teoria geral dos princípios*. São Paulo: Malheiros, 2003.

BADARÓ, Gustavo. *Processo Penal*. Rio de Janeiro: Elsevier, 2012.

BARROS, Suzane de Toledo. *O princípio da proporcionalidade e o controle da constitucionalidade das leis restritivas de direitos fundamentais*. Brasília: Brasília Jurídica, 1996.

BARROSO, Luís Roberto. *Interpretação e aplicação da Constituição: fundamentos de uma dogmática transformadora*. São Paulo: Saraiva, 1996.

_____. *O novo direito constitucional brasileiro: contribuições para a construção teórica e prática da jurisdição constitucional no Brasil*. Belo Horizonte: Fórum, 2012.

_____. "Princípio da proporcionalidade". *Revista Forense*, Rio de Janeiro, v. 336, 1996.

BECCARIA, Cesare. *Dos delitos e das penas*. São Paulo: Martins Fontes, 1991.

BENJAMIN, Walter. *Para una crítica de la violencia y otros ensayos*. Bogotá: Taurus, 1999.

BIELEFELDT, Heiner. *Menschenwürde. Der Grund der Menschenrechte*. Berlim: Deutsches Institut für Menschenrechte, 2008.

BINDER, Alberto M. *Política criminal: de la formulación a la praxis*. Buenos Aires: Ad-Hoc, 1997.

BOBBIO, Norberto. *Igualdade e liberdade*. Rio de Janeiro: Ediouro, 1996.

BODIN, Jean. *Os seis livros da República*. São Paulo: Ícone, 2011.

BORGES, Clara Maria Roman. "Jurisdição e amizade, um resgate do pensamento de Etienne La Boétie". In: COUTINHO, Jacinto Nelson de Miranda (org.). *Crítica à Teoria Geral do Direito Processual Penal*. Rio de Janeiro: Renovar, 2001.

BRENTANO, Franz. *Wahrheit und Evidenz*. Hamburgo: Felix Meiner, 1974.

CALAMANDREI, Piero. *Sin legalidad no hay libertad*. Madri: Trotta, 2016.

CANOTILHO, José Joaquim Gomes. *Direito constitucional e teoria da constituição*. Coimbra: Almedina, 2003.

_____. *Estudos sobre direitos fundamentais*. Coimbra: Coimbra Editora, 2004.

CARNELUTTI, Francesco. "Veritá, dubbio e certeza". *Rivista di Diritto Processuale*, Pádua, Cedam, v. XX, 1965.

CARVALHO NETO, Marcus Bentes de; MAYER, Paulo César Morales. "Skinner e a assimetria entre reforçamento e punição". *Acta Comportamentalia*, Guadalajara, vol. 19, n. 4, pp. 21-32, 2011.

# REFERÊNCIAS BIBLIOGRÁFICAS

CASARA, Rubens; MELCHIOR, Antonio Pedro. *Teoria do processo penal brasileiro* – v. I. Rio de Janeiro: Lumen Juris, 2013.

CHIAVARIO, Mario. *Problemi attuali dela libertà personale, tra "emergenze"e "quotidiano" dela giustizia penale.* Milão: Giuffrè, 1985.

COELHO, Luiz Fernando. *Direito constitucional e filosofia da Constituição.* Curitiba: Juruá, 2006.

CONSO, Giovanni. *Instituzioni di diritto processuale penale.* Milão: Giuffrè, 1969.

CORDERO, Franco. *Procedura penale.* Milão: Giuffré, 2006.

COUTINHO, Jacinto Nelson de Miranda. *Temas de processo penal.* São Paulo: Tirant Lo Blanch, 2022.

DARDOT, Pierre; LAVAL, Christian. *Comum: ensaio sobre a revolução no século XXI.* São Paulo: Boitempo, 2017.

DARDOT, Pierre; LAVAL, Christian. *Dominer: enquête sur la souveraineté de l'État en Occident.* Paris: La Découverte, 2020.

DELEUZE, Gilles. *Conversações.* São Paulo: Editora 34, 2017.

DEZEM, Guilherme Madeira. *Curso de Processo Penal.* São Paulo: Revista dos Tribunais, 2021.

DWORKIN, Ronald. *Los derechos en serio.* Barcelona: Ariel, 1999.

FABRICIUS, Dirk. *Culpabilidade e seus fundamentos empíricos.* Curitiba: Juruá, 2009.

FASSIN, Didier. *Punir: une passion contemporaine.* Paris: Seuil, 2017.

FERRAJOLI, Luigi. *Direito e razão: a teoria do garantismo penal.* São Paulo: Revista dos Tribunais, 2002.

_____. "O direito como sistema de garantias". In: OLIVEIRA JR., José Alcebíades (org.). *O novo em direito e política.* Porto Alegre: Livraria do Advogado, 1997.

FOUCAULT, Michel. *Vigiar e punir.* Petrópolis: Vozes, 1977.

_____. *Der Wille zum Wissen. Sexualität und Wahrheit 1,* Frankfurt am Main, 1993.

FREUD, Sigmund. *Totem e tabu.* Rio de Janeiro: Imago, 1999.

FROMM, Erich. *Fuga dalla liberta.* Roma: Librimondadori, 1994.

FUNKE, Andreas. "Menschenrechte als subjektive Rechte. Ihre Positivierung, Dogmatisierung und Interpretation". In: HILGENDORF, Eric; ZABEL, Benno (orgs). *Die Idee subjektiver Rechte*. Berlim, Boston: De Gruyter, 2021.

GASPAR, Antonio da Silva Henrique. *Código de Processo Penal Comentado*. Coimbra: Almedina, 2016.

GIACOMOLLI, Nereu José. *Prisões, liberdade e cautelares pessoais*. São Paulo: Marcial Pons, 2020.

GLOECKNER, Ricardo Jacobsen. *Autoritarismo e processo penal I*. São Paulo: Tirant Lo Blanch, 2023.

GÖHLER, Gerhard. *Politische Theorie*. Wiesbaden: VS Verlag für Sozialwissenshaften, 2011.

GOLDSCHMIDT, James. *Princípios gerais do processo penal*. Belo Horizonte: Líder, 1983.

GOMES, Luiz Flávio. *Estudos de Direito Penal e Processual Penal*. São Paulo: Revista dos Tribunais, 1998.

GREVI, Vittorio. "Misure Cautelari". In: CONSO, Giovanni; GREVI, Vittorio; BARGIS, Marta. *Compendio di procedura penale*. Pádua: Cedam, 2010.

GUERRA FILHO, Willis Santiago. *Ensaios de teoria constitucional*. Fortaleza: UFC – Imprensa Universitária, 1989.

_____. *A filosofia do direito aplicada ao direito processual e à teoria da constituição*. São Paulo: Atlas, 2002.

_____. *Processo constitucional e direitos fundamentais*. São Paulo: RCS, 2005.

HABERMAS, Jürgen. *Conocimiento e interés*. Madri: Taurus, 2023.

_____; RATZINGER, Joseph. *Dialética da secularização: sobre razão e religião*. Aparecida: Ideias e Letras, 2007.

HAN, Byung-Chul. *Psicopolítica: o neoliberalismo e as novas técnicas de poder*. Belo Horizonte: Âyine, 2020.

HENTIG, Hans von. *La pena* – v. II. Madri: Espasa-Calpe, 1968.

HERÔDOTOS. *História*. São Paulo: Madamu, 2023.

HOBBES, Thomas. *Leviatã*. Petrópolis: Vozes, 2020.

IBÁÑES, Perfecto Andrés. *Justicia penal, derechos y garantias*. Lima: Palestra, 2007.

JARDIM, Afrânio Silva. *Direito processual penal: estudos e pareceres*. Rio de Janeiro: Lumen Juris, 2013.

KANT, Immanuel. *Prolegomena to any future metaphysics*. Cambridge: Cambridge University Press, 2004.

KARAM, Maria Lúcia. *A privação da liberdade: o violento, danoso, doloroso e inútil sofrimento da pena. Escritos sobre a liberdade* – v. 7. Rio de Janeiro: Lumen Juris, 2009.

KATO, Maria Ignes Baldez. *A (dês)razão da prisão provisória*. Rio de Janeiro: Lumen Juris, 2005.

KIERKEGAARD, Sören. *Die Wiederholung. Die Krise*. Reinbek bei Hamburg: Rowohlt, 1961.

LACLAU, Ernesto. *La Raison populiste*. Paris: Seuil, 2008.

LEBRUN, Jean-Pierre. *Um mundo sem limite: ensaios para uma clínica psicanalítica do social*. Rio de Janeiro: Companhia de Freud, 2004.

LOPES JR., Aury. *Direito Processual Penal*. São Paulo: Saraiva, 2024.

LORENZ, Kuno. "Verhältnis". In: MITTELSTRAß, Jürgen (org.). *Enzyklopädie Philosophie und Wissenschaftstheorie*. Stuttgart, Weimar: Metzler, 2004.

MACHADO, Antônio Alberto. *Teoria geral do processo penal*. São Paulo: Atlas, 2009.

MAIER, Julio B. J. *Derecho procesal penal: III parte general – actos procesales*. Buenos Aires: Editores del Puerto, 2011.

MANZINI, Vincenzo. *Tratado de derecho procesal penal*. Tomo I. Buenos Aires: Ediciones Jurídicas Europa-América, 1951.

MARQUES, José Frederico. *Elementos de direito processual penal* – v. IV. Campinas: Bookseller, 1997.

MASCARO, Alysson Leandro. *Estado e forma política*. São Paulo: Boitempo, 2013.

MELOSSI, Dario; PAVARINI, Massimo. *Cárcere e fábrica*. Rio de Janeiro: Revan, 2006.

MELMAN, Charles. *O homem sem gravidade: gozar a qualquer preço*. Rio de Janeiro: Companhia de Freud, 2008.

MENDES, Gilmar Ferreira. *Direitos fundamentais e controle de constitucionalidade: estudos de direito constitucional*. São Paulo: Saraiva, 2004.

MONTESQUIEU, Charles-Louis de Secondat. *O espírito das leis*. São Paulo: Martins Fontes, 1993.

MÜLLER, Jörn. "Menschenwürde als Fundament des Menschenrechtes". In: GESANG, Bernward; SCHÄLIKE, Julius. *Die großen Krontroversen der Rechtsphilosophie*. Paderborn: Mentis, 2011.

MUÑOZ CONDE, Francisco; GARCÍA ARÁN, Mercedes. *Derecho penal – parte general*. Valência: Tirant, 1998.

NEDER, Gizlene. *Iluminismo jurídico-penal luso-brasileiro: obediência e submissão*. Rio de Janeiro: Freitas Bastos, 2000.

NICOLITT, André. *Manual de processo penal*. Rio de Janeiro: Elsevier, 2012.

OLIVEIRA, Eugênio Pacelli de. *Processo e hermenêutica na tutela penal dos direitos fundamentais*. Belo Horizonte: Del Rey, 2004.

OLIVEIRA, Odete Maria de. *Prisão, um paradoxo social*. Florianópolis: UFSC, 1984.

OPPENHEIM, Felix. "Liberdade". In: BOBBIO, Norberto; MATTEUCCI, Nicola; PASQUINO, Gianfranco (orgs.). *Dicionário de Política*. Brasília: Editora Universidade de Brasília, 2010.

PACHUKANIS, Evguiéni B. *A teoria geral do direito e o marxismo*. Rio de Janeiro: Renovar, 1975.

PIEROTH, Bodo; SCHLINK, Bernhard. *Direitos fundamentais*. São Paulo: Saraiva, 2012.

PRADO, Geraldo. *Curso de processo penal, tomo I, fundamentos e sistemas*. São Paulo: Marcial Pons-Brasil, 2024.

_____. *Sistema acusatório*. Rio de Janeiro: Lumen Juris, 2001.

PRADO JR., Caio. *O que é liberdade: capitalismo x socialismo*. São Paulo: Brasiliense, 1999.

RANGEL. Paulo. *Direito Processual Penal*. Rio de Janeiro: Lumen Juris. 2009.

ROUSSEAU, Jean-Jacques. *Oeuvres completes*. Vol. V. Paris: Gallimard, 1995.

ROXIN, Claus; SCHÜNEMANN, Bernd. *Strafverfahrensrecht*. Munique: Beck, 2009.

RUSCHE, Georg; KIRCHHEIMER, Otto. *Punição e estrutura social*. Rio de Janeiro: Revan, 2004.

RUSSELL, Bertrand. *Os problemas da filosofia*. No Eterno Agora, 2023, edição Kindle.

SALAS, Denis. *La volonté de punir*. Paris: Fayard – Pluriel, 2010.

SÁNCHEZ, Alberto Suárez. *El debido proceso penal*. Bogotá: Universidad Externado de Colombia, 1998.

SANTOS, Juarez Cirino dos. *Direito Penal: parte geral*. Curitiba: ICPC – Lumen Juris, 2006.

SARLET, Ingo Wolfgang. *Curso de direito constitucional*. São Paulo: Revista dos Tribunais, 2012.

SARTRE, Jean-Paul. *O existencialismo é um humanismo*. Rio de Janeiro: Vozes, 2014.

SCHEMMER, Oswald. "Interesse". In: MITTELSTRAß, Jürgen. *Enzyklopädie Philosophie und Wissenschafstheorie*. Stuttgart, Weimar: Metzler, 1995.

SCHMITT, Carl. *Teologia política*. São Luís: Resistência Cultural, 2024.

SEMER, Marcelo. *Sentenciando tráfico*. São Paulo: Tirant Lo Blanch, 2022.

SEN, Amartya. *Elemente einer Theorie der Menchenrechte*. Stuttgart: Reclam, 2020.

_____. *A ideia de justiça*. São Paulo: Companhia das Letras, 2011.

SERRANO, Nicolás Gonzáles-Cuéllar. *Proporcionalidad y derechos fundamentales en el proceso penal*. Madri: Colex, 1987.

SERRANO, Pedro Estevam Alves Pinto. *A justiça na sociedade do espetáculo*. São Paulo: Alameda, 2017.

SOLIMINE, Marcelo A. *Tratado sobre las causales de excarcelación y prisión preventiva en el código procesal penal de la nación*. Buenos Aires: Ad-Hoc, 2003.

STRECK, Lenio Luiz. *Verdade e consenso*. São Paulo: Saraiva Jur, 2011.

TAVARES, Juarez. *Crime: crença e realidade*. Rio de Janeiro: Da Vinci Livros, 2021.

_____. *Fundamentos de teoria do delito*. São Paulo: Tirant Lo Blanch, 2022.

TONINI, Paolo; CONTI, Carlotta. *Lineamenti di diritto processuale penale*. Milão: Giuffrè Editore, 2011.

TORNAGUI, Hélio. *Curso de processo penal*. São Paulo: Saraiva, 1991.

_____. *Manual de processo penal: prisão e liberdade*. Rio de Janeiro: Freitas Bastos, 1963.

TORRES, Jaime Vegas. *Presunción de inocencia y prueba en el proceso penal*. Madri: La Ley, 1993.

VASSALLO, Nicla. *Contro la verofobia: sulla necessità epistemología della nozione di verità*. Milão: Giuffrè Editore, 2007.

WOLKMER, Antonio Carlos. *Ideologia, Estado e Direito*. São Paulo: Revista dos Tribunais, 1989.

ZAFFARONI, Eugenio Raúl. *Colonização punitiva e totalitarismo financeiro*. Rio de Janeiro: Da Vinci Livros, 2021.

_____. *La cuestión criminal*. Buenos Aires: Planeta, 2012.

Este livro foi composto com as fontes Baskerville e Minion Pro. O papel do miolo é o Pólen Natural 80g/m².

A Gráfica Viena concluiu esta impressão para a Da Vinci Livros em agosto de 2024.

Neste mês, o genocídio palestino promovido por Israel, com o apoio dos Estados Unidos e da União Europeia, completa 300 dias. Ao longo desse período, mais de 40 mil pessoas foram assassinadas, a esmagadora maioria civis, centenas de milhares estão feridas ou perderam suas casas devido a bombardeios ou deslocamentos forçados. Apesar da narrativa dominante no Ocidente, a terrível verdade do massacre em curso se torna mais evidente a cada dia.